Petra Altmann
*achtsam, ruhig und gelassen*
*Ein erfülltes Leben führen*

# achtsam, ruhig und gelassen

PETRA ALTMANN

Ein erfülltes Leben führen

adeo

# Inhalt

# II. In der Ruhe liegt die Kraft

## III. Gelassenheit üben

# Ein erfülltes Leben führen

Was ist wichtig für mein Leben? Worin kann ich Erfüllung finden? Wie finde ich das Rüstzeug, um die Hürden des Lebens zu meistern? Welche Richtung soll mein Leben nehmen? Diese Fragen haben mich immer wieder einmal bewegt. So geht es wohl vielen von uns.

Manchmal gibt es Ereignisse im Leben, die uns zum Innehalten zwingen. Ein besonderer Schicksalsschlag, Verluste, Unsicherheiten. Dann kommen wir zum Nachdenken darüber, ob wir die richtigen Wege eingeschlagen haben oder doch Korrekturen vornehmen müssen. Doch es sollte nicht nur ein gravierendes Ereignis sein, das uns dazu führt, Bilanz zu ziehen. Immer wieder sollten wir uns besinnen, zur Ruhe kommen und Einkehr halten bei uns selbst.

Die Erfahrung hat mir gezeigt, dass es einige Eckpfeiler gibt, die wichtig sind für ein erfülltes Leben, nämlich achtsam, ruhig und gelassen zu sein. Dies sind wesentliche Voraussetzungen für Ausgeglichenheit, Glück und Zufriedenheit.

*Achtsamkeit* bedeutet, zunächst auf mich selbst zu achten. Darauf, wie behutsam ich mit mir umgehe, wie ich meine Verhaltensweisen einordne.

Nur wenn ich achtsam mit mir selbst bin, kann ich auch anderen mit Achtsamkeit begegnen.

*Ruhe* und Ausgeglichenheit sorgen dafür, dass ich mich nicht verrenne. Sie sind Rettungsringe, damit im Lärm des Alltags die wesentlichen Dinge nicht untergehen.

Und die *Gelassenheit* schließlich ist ein Zeichen dafür, dass ich als Mensch mit mir im Einklang bin. Wer gelassen ist, ruht in sich selbst. Getragen von einem Gefühl der Sicherheit, das hilft, auch schwierige Lebenssituationen zu meistern.

Die Lebensgeschichten und Lebenserfahrungen in diesem Buch drehen sich um all das, was uns im Alltag beschäftigt: Beziehungen, die rechten Worte, den richtigen Ton, Rückzugsmöglichkeiten, Balance zu gewinnen, authentisch zu sein. Eben um die Dinge, die wichtig sind, um achtsam, ruhig und gelassen zu werden.

Viel Erfolg auf diesem Weg wünscht Ihnen
*Petra Altmann*

*Wer mit sich selbst schlecht umgeht, wem kann der gut sein? Denke also daran: „Gönne Dich Dir selbst."*

*Bernhard von Clairvaux (um 1090 – 1153)*

# Achtsam sein

## In sich selbst hineinhorchen

# Kenne ich mich eigentlich selbst?
## Eigene Stärken und Schwächen

In Studentenzeiten haben wir manchmal im Kreis von Kommilitonen ein Gesellschaftsspiel gemacht. Ein Teil der Gruppe musste in einen anderen Raum gehen und sich eine Person heraussuchen, die im ersten Zimmer geblieben war. Die anderen mussten mit ihren Fragen versuchen herauszubekommen, wer die oder der Betreffende war. Es begann dann meist mit harmlosen Fragen, beispielsweise zu Haar- oder Augenfarbe. Je länger nachgefragt werden musste, umso mehr ging es dann um Charaktereigenschaften der zu ratenden Person. „Mit welchem Tier würdest du die betreffende Person vergleichen", konnte zum Beispiel eine solche Frage sein, oder: „Ist sie sehr verschlossen und schottet sich von anderen ab?" Auch: „Ist sie eitel oder eher locker?" Je mehr Fragen man stellen musste, umso tiefgründiger wurden diese. Besonders, wenn der Kreis groß war, konnte es manchmal ganz schön lange dauern, bis man das Rätsel gelöst hatte. Nicht selten benannte die Fragegruppe zunächst einmal eine falsche Person.

Ich erinnere mich, dass ich manchmal völlig überrascht war, wie meine Freunde die ausgewählte Person charakterisierten. Ich hatte sie ganz anders gesehen. Oft fühlte ich mich in den Angaben, die die anderen machten, aber auch bestätigt. Hin und wieder war man selbst die Person, die erraten werden musste, und wusste es nicht. Man gehörte dann zur Gruppe der Fragesteller und kam oft nicht dahinter, dass man mit den Beschreibungen der anderen selbst gemeint war. Wenn das Geheimnis dann gelüftet war, war man manchmal sehr überrascht, wie die anderen einen einschätzten. Häufig gab es Charakterisierungen, die einem schmeichelten. Aber manchmal hatte man an einer Aussage auch ganz schön zu knabbern.

Ich erinnere mich an einen solchen Abend, an dem die Frage kam: „Mit welcher Pflanze würdest du die betreffende Person vergleichen?" „Mit einem Kaktus", war die spontane Antwort. Die Kommilitonin, um die es sich handelte, war tief getroffen, als herauskam, dass sie gemeint war. Es schloss sich eine lange Diskussion an. Bis in die Nacht verteidigte sich die Betroffene und versuchte das Bild, das einige der anderen von ihr hatten, zurechtzurücken.

Wie kommt es eigentlich, dass man sich manchmal völlig anders sieht als die anderen? Zuweilen kann es daran liegen, dass man versucht, etwas darzustellen, das der eigenen Persönlichkeit gar nicht entspricht. Bei oberflächlichen Kontakten mag das funktionieren. Bei tiefer gehenden Verbindungen, zumal bei Freundschaften, bekommt eine solche Fassade ziemlich schnell Risse. Wer über eine gewisse Menschenkenntnis und Lebenserfahrung verfügt, bemerkt sehr schnell, wenn der andere einem etwas vormacht. Und es ist gut so, dass es sich rasch bemerkbar macht, wenn jemand nicht authentisch ist. Sonst könnte sich ja jeder hinter einer Fassade verstecken.

Manchmal hat eine falsche Selbsteinschätzung aber auch ganz andere Ursachen. Meine Bekannte Charlotte erzählte mir kürzlich, dass sie eine neue Kollegin in ihrer Abteilung einarbeiten musste. Eigentlich wäre es ihr lieber gewesen, jemand anderes hätte diese Aufgabe übernommen. „Ich weiß gar nicht, ob ich alles so rüberbringen kann, dass es die neue Kollegin versteht", sagte sie mir. Nach ein paar Tagen bekam Charlotte jedoch von mehreren Seiten positives Feedback. Die neue Kollegin konnte alles sehr gut nachvollziehen und sich deshalb rasch in die Arbeitsabläufe einarbeiten. Die Abteilungsleiterin lobte Charlotte, weil sie ihr Wissen so gut und für das Unternehmen nutzbringend eingesetzt hatte. Und die anderen Kollegen waren ihr dankbar, dass sie ihnen die Einarbeitung der neuen Mitarbeiterin abgenommen hatte. „Da wurde mir erst einmal klar, was ich eigentlich alles weiß", erzählte mir Charlotte nach einigen Tagen. „Ich dachte immer, dass ich kein großes Wissen habe." Dass Charlotte von ihren Kenntnissen nach 20 Jahren Mitarbeit in derselben Firma so wenig hielt und ihren Wissensstand so schlecht bewertete, ist schon erstaunlich.

Aber wer ihren familiären Hintergrund kennt, kann daraus schon seine Schlüsse ziehen. „Wir waren zu Hause drei Schwestern und wurden sehr streng erzogen. Viele Freiheiten hatten wir nicht. Wenn ich am Nachmittag nach den Hausaufgaben mal raus wollte, um mich mit meinen Freundinnen zu treffen, fragte meine Mutter: ‚Hast du schon die Treppe geputzt und die anderen Hausarbeiten erledigt, die ich dir aufgetragen habe?' So musste ich dann meist im Haus bleiben. Mein Vater ließ immer wieder einmal durchblicken, dass wir ja ‚nur' Mädchen waren. Wir durften unsere Meinung nicht ungefragt äußern und hatten zu befolgen, was er uns vorgab." So wuchs Charlotte in dem Bewusstsein auf, nicht gleichwertig zu sein. Sie wurde zu Hause immer kleingehalten. „Ich weiß noch, dass ich als junges Mädchen gar nicht wusste, wie ich reagieren sollte, wenn mir mal jemand ein Kompliment über mein Aussehen gemacht hat. Ich dachte dann immer gleich: ,Was will der von mir?'" Dass man jemanden einfach so lobte, ohne eine Gegenleistung zu erwarten, war sie nicht gewohnt. Erst nach langer Zeit brachte sie es fertig, sich für ein Kompliment zu bedanken. „Die Worte: ,Danke, das freut mich!' haben mich ganz schön viel Mühe gekostet."

Charlotte ist ein Beispiel für anerzogene, überzogene Bescheidenheit. Sie kann sich an ein einziges Lob des Vaters erinnern, das er aussprach, als sie bereits 20 Jahre alt war. Ihrem damaligen Freund erklärte sie im Beisein ihres Vaters, wie er ein Regal einbauen solle. Der Freund war zunächst skeptisch, aber dann kam der Ausspruch des Vaters, der Charlotte bis heute unvergessen ist: „Wenn Charlotte so was sagt, kannst du ihr glauben!" Der Vater war nie in der Lage gewesen, ihr direkt ein Lob auszusprechen. Auch in diesem Fall transportierte er diese positive Aussage über den zukünftigen Schwiegersohn. Aber immerhin machte er sie.

Nach vielen Jahren ist Charlotte heute in der Lage, auch mal zu erwähnen, wenn ihr etwas besonders gut gelingt. Und sie freut sich ohne schlechtes Gewissen über ein Lob.

Bei manchen Menschen ist es genau umgekehrt. Sie haben ein überzogenes Selbstbewusstsein und glauben sich immer im Recht. Kritik ertragen und akzeptieren sie nicht. Dadurch isolieren sie sich selbst, denn der Umgang mit einem selbstgerechten Menschen ist nicht einfach.

Wenn man nur um sich selbst kreist und sich selbst zum Mittelpunkt allen Denkens und Handelns macht, verliert man den Kontakt zur Außenwelt.

„Die Selbsterkenntnis ist die Bedingung praktischer Tüchtigkeit", ist von dem griechischen Philosophen Sokrates überliefert. In der Tat, wer sich selbst kennt, weiß auch, wo seine Stärken liegen, und kann sie nutzbringend einsetzen. Er ist sich aber auch im Klaren über seine Schwächen und versucht nicht, sie zu vertuschen, sondern daran zu arbeiten. Aber sind wir mal ehrlich, sich selbst mit allen Eigenheiten wahrzunehmen, ist nicht ganz einfach. Ein arabisches Sprichwort bringt es auf den Punkt: „Das Schwerste für den Menschen ist die Selbsterkenntnis."

Viele Menschen sehen Kritik als etwas Abwertendes. Und so manch einer glaubt, die Welt habe sich gegen ihn verschworen, wenn er eine kritische Rückmeldung erhält. So ist es aber nicht immer gemeint. Statt die Schuld dem anderen zuzuschieben, wenn er auf zwischenmenschliche Probleme zu sprechen kommt, ist es doch vielleicht eine bessere Idee, erst einmal zu hinterfragen, ob es nicht auch an einem selbst liegt, wenn Sand im Getriebe ist. Ich habe die Erfahrung gemacht, dass es sich in der Regel bewährt, ein offenes Gespräch zu führen, wenn es zwischenmenschliche Probleme gibt. Dann hat jeder die Chance, seine Sicht der Dinge darzulegen. Manchmal habe ich in solchen Gesprächen festgestellt, dass ich etwas missverständlich gedeutet habe. Und so manche wirklich existierende Schwierigkeit ließ sich im Gespräch leicht aus der Welt schaffen. Ein offenes Gespräch bewährt sich übrigens in allen Lebensbereichen, sei es im beruflichen oder privaten Umfeld. So kann man die Energien, die das Problemewälzen bindet, viel besser nutzen. Das ist übrigens eine Erfahrung, die sich gerade Führungskräfte zu eigen machen sollten. Denn Mitarbeiter sind doch mit einem offenen Gespräch, in dem sie sich und ihre Probleme ernst genommen fühlen, viel besser zu motivieren als mit einer unkommentierten Anordnung.

Um sich die eigenen Verhaltensweisen immer mal wieder bewusst zu machen, empfehle ich Ihnen, gute Freunde hin und wieder zu fragen, wie sie Sie einschätzen. Regelmäßige Rückmeldung von Menschen, die einem nahestehen und von denen man weiß, dass sie einem nichts Böses wollen, kann jeder von uns brauchen. Eine ehrliche, ungeschminkte Meinung von diesen Menschen ist Gold wert, auch wenn sie vielleicht auf den ersten Blick nicht immer angenehm ist. Ich würde mich auch nicht postwendend rechtfertigen, wenn mal ein negatives Feedback kommt, sondern darüber nachdenken. Denn ein guter Rat ist bekanntlich teuer, also wertvoll, und hat es verdient, ernst genommen zu werden. Er hilft, sich selbst mit seinen Schwächen und Stärken besser kennenzulernen.

„Auch Geben und Nehmen liefern Anzeichen für die
Selbsterkenntnis der Seele. Ob sie voll Gemeinschaftssinn
schenkt und gewährt, als wolle sie unter den Menschen
Gleichheit erreichen, oder – wie es heißt – aus Traurigkeit
oder aus Zwang oder doch, indem sie nach Lohn fragt
bei Empfängern und Hörern. Aber auch beim Nehmen
muss die Seele zu ihrer Selbsterkenntnis fragen, ob
sie gleichmütig ansieht, was sie erhält, oder sich
darüber wie über ein Gut von Herzen freuen kann."

Origines (185 – 254)

## Aufmerksam sein – Was tut mir gut, und wo muss ich mein Verhalten auf den Prüfstand stellen

Ich habe die ganze Nacht durchgefeiert und so abgetanzt, wie ich das seit Langem nicht mehr gemacht habe. Ich habe mich selbst nicht wiedererkannt", erzählte neulich eine Bekannte, die am Wochenende vorher auf einer Geburtstagsparty gewesen war. Während sie erzählte, strahlte sie noch so, als ob das Fest gerade erst zu Ende gegangen wäre. Dieses positive Erlebnis hat sie geradezu beflügelt.

Manchmal kann es auch genau umgekehrt sein. Zum Beispiel in Situationen, in denen Streit aufkommt. Wenn dann ein Wort das andere gibt, die Emotionen sich hochschaukeln, kann es schon mal vorkommen, dass jemand sich selbst vergisst. „Ich geriet so außer mir, dass ich mich selbst nicht wiedererkannte", habe ich zuweilen von Streithähnen gehört, wenn die Gemüter sich wieder beruhigt hatten. Im Gegensatz zu dem freudigen Rückblick auf die durchtanzte Partynacht ist die Erinnerung an eine Auseinandersetzung, in der man vor Wut seinen Kopf verlor, eher ein Schock. Beide Situationen können jedoch durchaus heilsame Wirkungen haben.

Die Partynacht kann einem zeigen, wie gut es tut, sich einfach einmal Spaß zu gönnen, sich zu freuen, ausgelassen zu sein. Natürlich ist dies kein Event für jeden Tag. Dann würde es ja auch „all"-täglich und damit vermutlich langweilig. Aber sicherlich hat jeder von uns schon die Erfahrung gemacht, dass solche Stunden, in denen alle Sorgen und Verpflichtungen in den Hintergrund rücken, gut und notwendig sind, um die Batterien aufzuladen. Der Streit hingegen kann uns klarmachen, dass es Situationen geben kann, in denen man sich nicht mehr im Griff hat. Das kann jedem von uns passieren, aber in solchen Fällen ist erhöhte Achtsamkeit angesagt. Wenn Emotionen hochkochen, ist es besser, die Auseinandersetzung abzubrechen. Denn sonst könnte sie eskalieren. Ein Rückzug in sich selbst und in die Stille ist dann die richtige Maßnahme. Nach meiner Erfahrung hat es sich bewährt, die Diskussion – wenn notwendig – erst dann fortzusetzen, wenn die Gemüter wieder abgekühlt sind.

Wer häufiger in Situationen gerät, in denen er den Kopf verliert, muss verstärkte Aufmerksamkeit walten lassen.

Aufmerksam sein heißt „aufmerken", wenn etwas nicht stimmt. Erhöhte Wachsamkeit ist dann vonnöten. Damit man „bemerkt", wenn das eigene Verhalten aus der Spur gerät. Aufmerksam sein bedeutet auch „anzumerken", wie und an was sich die eigenen Emotionen hochschaukeln können. Das ist natürlich leichter gesagt als getan. Gerade, wenn man in einer sehr angespannten Lage ist. Deshalb ist es wichtig, immer wieder innezuhalten, die Stille zu suchen und in sich zu gehen.

Es gibt Menschen, die mit ihrem Verhalten und ihren Äußerungen immer wieder bei anderen anecken. Ich habe dies vor einer Weile bei einem Seminar erlebt. Einer der Teilnehmer, nennen wir ihn Helmut, hatte gravierende

Eheprobleme und erzählte jedem anderen in jeder freien Minute sehr detailliert davon. Unabhängig davon, ob es gerade passte oder nicht. Ich kannte Helmut bereits von zwei früheren Seminaren und wusste von seinen Eheschwierigkeiten. Er dominierte die Gruppe merklich mit seinem Problem. In den ersten Tagen hörte ihm jeder zu. Viele von uns versuchten, sich in seine Lage zu versetzen, gaben ihm Hinweise oder konkrete Tipps, wie er weiterkommen könne. Wir wollten Helmut wirklich helfen. Als dieser jedoch nach einigen Tagen immer wieder in gleicher Weise seine Probleme auf den Tisch legte und dieselben Argumente wiederholte, war klar, dass unsere Impulse bei ihm auf taube Ohren gestoßen waren. Er wiederholte einfach immer nur seine Sicht der Dinge. Das Wohlwollen, das Helmut anfangs entgegengebracht worden war, schlug dann in Unmut um. Helmut bekam die Rückmeldung, dass er einigen in der Gruppe massiv auf die Nerven ging.

Natürlich ist eine solche Rückmeldung in dem Moment ärgerlich und frustrierend. Aber es bringt niemanden weiter, sich dann in einen Schmollwinkel zurückzuziehen und die Schuld bei den anderen zu suchen. Für einen achtsamen Menschen ist es viel hilfreicher, erst einmal das eigene Verhalten unter die Lupe zu nehmen. Sinnvoll ist es beispielsweise, sich am Abend einmal in Ruhe hinzusetzen und zu überlegen, welche Ursachen ein negatives Feedback haben könnte. Mir bringt es manchmal etwas, einzelne Situationen schriftlich zu skizzieren, so kann ich mir eigene Verhaltensmuster und auch diejenigen der anderen besser vor Augen führen.

Manchmal wird dann deutlich, dass man sich vielleicht einfach nur missverständlich ausgedrückt und deshalb eine negative Reaktion erhalten hat. Ich erinnere mich da an eine ganz persönliche Erfahrung. Eine Cousine hatte sich verpflichtet, ein Familienfest zu organisieren, erkrankte dann aber schwer. Ich bot ihr daraufhin an, die Organisation in die Hand zu nehmen. Und wurde von ihr brüsk abgewiesen. Ehrlich gesagt war ich ein wenig konsterniert, denn schließlich hatte ich es nur gut gemeint. In einem langen Telefonat machte mir die Cousine dann aber klar: „Weißt du, die Organisation des Festes ist für mich sehr wichtig. Ich sehe sie als eine Art Meilenstein auf dem Weg zur Genesung. Wenn ich das alleine schaffe, dann wissen meine Familie und ich, dass es mit mir bergauf geht." Das hatte ich so nicht gesehen. Aber in dem Gespräch konnte ich die Argumente der Cousine absolut nachvollziehen und ihr abwehrendes Verhalten auf mein Hilfsangebot verstehen. Dies hat mir wieder einmal deutlich gemacht, wie wichtig offene Gespräche sind, damit menschliches Zusammenleben funktionieren kann.

Wenn jemand immer wieder aneckt, ist es auch möglich, dass er sich mit Menschen umgibt, die nicht zu ihm passen. Vielleicht haben sie eine andere Lebensorientierung. Dann ist es klar, dass man mit seinen Einstellungen an Grenzen stößt, die auch mit noch so vielen Worten nicht zu überwinden sind.

Manche Menschen erfahren auch Ablehnung, weil sie sehr auf sich selbst bezogen sind und ihre Interessen in den Vordergrund stellen. Helmut, von dem ich vorher erzählte, ist so ein Fall. Dies kommt bei den meisten Mitmenschen natürlich nicht gut an. „Individualismus heißt, einfach das eigene Ding zu machen, auf die eigene Weise und ohne Rücksicht auf andere Menschen. Individualität dagegen bedeutet, den eigenen Beitrag in das Gemeinschaftsleben einzubringen."[1] Niemand von uns lebt auf einer einsamen Insel, auf der er tun und lassen kann, was er will. Wir alle gehören Gemeinschaften an – Lebensgemeinschaften, Bürogemeinschaften, Bürgergemeinschaften, Freizeitgemeinschaften. Gemeinschaftsleben kann aber nur funktionieren, wenn jeder bereit ist, auf die anderen zuzugehen. Dazu gehört auch, sein eigenes Verhalten immer wieder einmal auf den Prüfstand zu stellen und bereit zu sein, sich zu ändern. Diese Bereitschaft muss ein Leben lang anhalten. Eine mütterliche Freundin beeindruckt mich immer wieder, weil sie mit ihren 92 Jahren noch lernfähig ist: „Ich bin so gerne mit jungen Leuten zusammen, weil ich von ihnen so viel Neues erfahre und lernen kann", höre ich oft von ihr.

Jeder von uns strebt dauerhafte Beziehungen an. Sie geben uns Halt, sie bestätigen und stärken uns. Am erfüllendsten sind solche Beziehungen, bei denen man sich quasi „ohne Worte" versteht. Ein Blick genügt, und man weiß, was der andere in diesem Moment denkt. Dies ist in der Regel nur der Fall, wenn man sich schon sehr lange kennt. Hin und wieder ist es mir aber auch passiert, dass ich ein solches Erlebnis mit einem unbekannten Menschen hatte. Neulich in der U-Bahn beispielsweise. Ich beobachtete eine amüsante Szene und schaute rein zufällig einem anderen Fahrgast, der mir gegenübersaß, in die Augen. Plötzlich mussten wir beide schmunzeln und wussten, was der andere dachte – ohne uns vorher jemals gesprochen oder gesehen zu haben. Wir brauchten keine Worte oder Gesten, ein Blick genügte. Dann ging jeder wieder seines Wegs. Sprache des Herzens könnte man das nennen.

Die Sprache des Herzens hört man nur in der Stille – der äußeren und der inneren. Wenn wir innerlich einen anderen Menschen ständig bewerten und eine Flut von Worten die äußere Stille unmöglich macht, können wir die Sprache des Herzens nicht hören.

Wer aber aufmerksam ist und sein Verhalten immer wieder einmal hinterfragt, wird auch die leisen Töne erkennen. Hilfreich ist es, sich zuweilen mit einem vertrauten Menschen auszutauschen, wenn man bezüglich des eigenen Verhaltens im Zweifel ist. „Ein gutes Gespräch erfordert nicht nur gutes Reden, sondern auch gutes Hinhören. Die Schweigsamkeit … ist also die notwendige Ergänzung zum guten Sprechen, nicht ihr Gegensatz", stellte der Kapuzinerpater Thomas Dienberg fest.[2] Im Gespräch erkennt man die Beweggründe des anderen. Man kann ihn motivieren, ihn fördern, auch korrigieren. Nur so kann Gemeinschaftsleben, das geprägt ist durch einen achtsamen Umgang miteinander, funktionieren.

„Wir machen uns so viele Gedanken um unsere Identität, dass wir nur noch mit unserer Einzigartigkeit beschäftigt sind ... Gleichzeitig erahnen wir aber auch, dass das Leben vielleicht mehr ist, als einfach nur zu leben. Solche Entdeckungen erinnern uns an unseren bescheidenen Platz im Plan und Lauf der Dinge. Sie bewahren uns vor Selbstüberschätzung. Vielleicht ist die Notwendigkeit, das Leben nicht krampfhaft, sondern am losen Zügel zu halten, nirgends deutlicher zu erkennen als in unseren ganz alltäglichen Beziehungen."

Henri Nouwen (1932 – 1996)[3]

# Streicheleinheiten für Geist, Seele und Körper
## – Wie kann ich mir selbst Gutes tun

Schon seit Jahren schießen überall Wellnesscenter aus dem Boden. Was früher eine klassische Sauna war, wird heute als Wohlfühloase beworben. Eine Vielzahl noch so kleiner Hotels und Pensionen bieten „Wellnesswochenenden" an und verwöhnen den Gast nicht nur mit Übernachtung und Verpflegung, sondern zusätzlich beispielsweise mit Yogastunden, Heubädern oder Kräuterwanderungen.

Selbst der örtliche Friseur, bisher nur bekannt für klassische Haarbehandlungen, bietet dem Kunden Wohlfühlstunden. Kopf- und Nackenmassage, Duftlampe, Entspannungsmusik und Fruchtcocktail inklusive.

Der Begriff „Wellness" wird inzwischen fast inflationär verwendet und vermarktet. Die Sehnsucht nach ein paar Stunden Abstand vom Alltag wächst, da die Anforderungen an viele von uns immer größer werden. Und hinter dem Run auf Wellnessangebote steckt der Wunsch, wenigstens für ein paar Stunden dem Hamsterrad zu entkommen. Jenseits aller Geschäftemacherei ist es wichtig, sich selbst immer wieder einmal bewusst Gutes zu tun.

Diese Erkenntnis ist übrigens nicht neu. Bereits im 12. Jahrhundert empfahl der Zisterziensermönch Bernhard von Clairvaux seinen Mitmenschen: „Gönne dich dir selbst. Ich sage nicht: Tu das immer. Ich sage nicht: Tu das oft. Aber ich sage: Tu es immer wieder einmal."

Es gibt kein für jeden passendes Standardrezept, wie man sich selbst Gutes tun kann. Jeder hat seine eigenen Vorlieben. Der eine möchte körperlich aktiv sein, Berggipfel erklimmen oder Radtouren unternehmen. Der andere bevorzugt Gartenarbeit und der dritte möglicherweise Lesestunden auf dem Sofa. Möglichkeiten gibt es ja viele. Dennoch gibt es ein paar Grundprinzipien. In jedem Fall bedeutet, sich selbst gut zu sein, innezuhalten und durchzuatmen, sonst verliert man das Gefühl für das, was einem guttut.

Grundprinzip Nummer zwei: Planen Sie die Wohlfühlstunden im Voraus. Das bedeutet, den Tag und die Zeitphase festzulegen und sich Gedanken darüber zu machen, wie man diese besondere Zeit gestalten möchte. Dann profitieren Sie nämlich noch mehr von dieser Auszeit, indem Sie sich im Vorfeld darauf freuen können.

Grundprinzip Nummer drei: Machen Sie nur das, was Ihnen Freude bereitet. An Ihrem Wohlfühltag gibt es keine leidigen Verpflichtungen. Sie sollten übrigens auch Ihren Lieben deutlich machen, dass diese Zeit nur Ihnen gehört.

Grundprinzip Nummer vier: Verschieben Sie den geplanten Wohlfühltag oder die Stunden nicht. Er sollte unverrückbar sein, sonst wird er womöglich gar nicht stattfinden.

Grundprinzip Nummer fünf: Ein Wellnesstag sollte keine einmalige Sache sein. Am besten blockieren Sie sich gleich im Kalender für die nächsten Monate entsprechende „Auszeiten". So werden sie zu einer festen Einrichtung und geraten nicht in Vergessenheit.

## Erfrischung für den Geist

Gerade für Menschen, die tagein, tagaus das Gleiche tun, ist geistige Inspiration besonders wichtig. Ein Buch kann in andere Welten entführen, die Phantasie anregen und Neues erschließen. Deshalb sind Lesestunden besonders kostbar. Und, ehrlich gesagt, wer von uns hat während der Woche Zeit, einmal ausgiebig in Büchern zu schmökern, die nicht zur Fachliteratur zählen. Meist ist die Unterhaltungslektüre den Ferien vorbehalten. Deshalb sind ein paar Lesestunden, die Sie sich regelmäßig gönnen, Ferienstunden mitten im Alltag. Was Lesen für Sie bedeuten kann, schildere ich in einem späteren Kapitel „Lektüre bereichert den Alltag".

Suchen Sie sich ein ruhiges Plätzchen und schaffen Sie sich ein gemütliches Ambiente, vielleicht mit einer Kanne Tee und einer Duftlampe. Ich habe mir am vergangenen Samstag solche „Ferienstunden" gegönnt und mich auf den Liegestuhl in eine hintere Ecke des Gartens verzogen. Neben mir das Plätschern des Gartenteichs, rings um mich das satte Grün der Sträucher und die bunten Farben der Blüten. Es gab zwar noch viel im Haus zu tun, aber ich brauchte dieses Atemholen einfach. Und habe es genossen wie zwei Wochen Urlaub. Am späten Nachmittag habe ich mich voller Elan wieder an die Arbeit gemacht.

Auch ein Kinoabend ist ein kleiner Ausflug aus dem Alltag. Da kann man lachen, sich unterhalten, Spannung spüren und Neues erfahren. Ich kenne einen Kreis von Leuten, der sich jeden Freitag zum Kinobesuch verabredet.

In einer Großstadt ist es kein Problem, immer wieder neue Filme anzuschauen. Aber auch in ländlichen Regionen bieten die Kinos häufig wechselnde Programme. Und der Kinobesuch muss ja auch nicht wöchentlich stattfinden. Einmal im Monat beispielsweise kann man sich mit Freunden verabreden und das Ganze auch noch mit einem Restaurantbesuch oder einem Drink nach der Kinovorführung verbinden.

Für mich sind Ausstellungsbesuche immer eine faszinierende Möglichkeit, Abstand vom Alltag zu bekommen. Ich spüre dann förmlich, wie Gemälde, Skulpturen oder Fotografien meine Phantasie beflügeln und mir viele Anregungen geben. Das sind Erlebnisse, von denen ich lange zehre. Wichtig ist für mich auch, mich mit anderen Menschen darüber auszutauschen. Denn jeder bewertet die Exponate doch unterschiedlich und bringt interessante Argumente ein.

All diese Dinge, die wir uns in solchen Stunden außerhalb der Alltagsroutine gönnen, sind für unseren Geist ganz wichtige Anregungen. Sie eröffnen neue Perspektiven. So läuft man kaum Gefahr, mit Scheuklappen durch die Welt zu gehen, sondern kann den Blickwinkel wechseln, erhält neue Sichtweisen und erweitert den eigenen Horizont.

Für neue Impulse und Anregungen sorgen auch Kontakte mit Menschen aus einem anderen Lebensumfeld oder unterschiedlichen Kulturkreisen. Im Austausch lernt man, über den eigenen Tellerrand hinauszuschauen und unsere Lebensprinzipien nicht als die allein gültigen zu bewerten. Ich selbst habe viele ausländische Freunde und finde gerade diese Kontakte sehr bereichernd. Neulich waren wir bei einer türkischen Familie zu Gast, die wir erst vor Kurzem kennengelernt hatten. Eigentlich gingen wir davon aus, dass wir nur eine Tasse Kaffee zusammen trinken würden. Tatsächlich hatte die Gastgeberin aber ein fürstliches Mahl aufgetischt, dessen Vorbereitung sie Stunden gekostet haben muss. Wir waren völlig überrascht und kaum in der Lage, von allen Speisen zu kosten. Für die türkische Familie war das selbstverständlich: „Dies ist unsere Art zu zeigen, dass wir uns freuen, Sie kennengelernt zu haben", sagte der Gastgeber.

Es sind solche Erlebnisse, die uns zeigen, wie bereichernd Gastfreundschaft und die Offenheit gegenüber anderen Kulturen sind. Wer ausländische Freunde hat, wird dies sicherlich häufig feststellen. Und wie schön ist es doch, bei einem Urlaub im Ausland nicht nur die Kulturstätten oder Strände besucht zu haben, sondern vielleicht auch einmal von Einheimischen nach Hause eingeladen zu werden. Das sind doch Höhepunkte einer Reise, von denen jeder gerne erzählt.

## Seelenbalsam

Gastfreundschaft, der Austausch mit anderen Menschen, die einem guttun, regt nicht nur den Geist an, sondern beflügelt auch die Seele. Ebenso wie alle anderen geschilderten Dinge, die Sie sich in Ihren Wohlfühlstunden gönnen. Nach Tagen der An-spannung, in denen Sie gefordert werden, braucht jeder eben auch Stunden der Ent-spannung. Ein guter Weg dorthin ist beispielsweise die Meditation. Sie kostet nicht viel Zeit und kann im Tagesablauf fest installiert werden. Mittels der Meditation kann man sich auch im tiefsten Winter Sonnenstrahlen ins Herz lenken. Indem man sich in der Phantasie an den Ort seiner Träume begibt.

Für mich ist dies ein menschenleerer breiter Strand, an dem ich sitze und aufs Meer hinausblicke: Mit geschlossenen Augen atme ich ganz tief ein und doppelt so lange wieder aus, bis ich merke, dass ich zur Ruhe komme. Ich befinde mich jetzt gedanklich bei Sonnenaufgang an „meinem" Strand und spüre, wie die Sonne langsam höher steigt und mich wärmt. Diese Wärme durchströmt meinen ganzen Körper. Ich lausche dem imaginären Geräusch der Wellen und spüre einen leichten Lufthauch. Der Wellenschlag bestimmt den Rhythmus meines Atems. Ich höre, wie das Wasser am Strand aufschlägt und über mir Möwen fliegen. Je mehr ich mich dem Atemrhythmus überlasse, desto mehr kann ich entspannen. Die Sonnenstrahlen wärmen Körper und Seele. Wenn ich merke, dass ich ruhig bin und erfüllt von Wärme, beende ich allmählich meinen „Strandausflug".

Da ich diese Meditation regelmäßig mache, kann ich mir immer wieder einmal „Strandminuten" gönnen und mich innerlich sehr rasch an diesen Platz zurückziehen. Dies ist gerade in angespannten Situationen sehr hilfreich. Man kann diese Meditation übrigens auch ohne Weiteres in Bus, Zug oder U-Bahn ausüben, ohne dass die anderen Fahrgäste dies bemerken.

Diese Meditation ist ein Beispiel dafür, wie heilsam die Bilder der Natur sind. Der heilige Antonius wurde einmal von einem Philosophen gefragt: „Wie schaffst du es nur, Vater, ein solches Leben zu führen, wo du doch nicht einmal Trost in den Büchern schöpfen kannst?" Seine Antwort: „Mein Buch, verehrter Philosoph, ist die Natur der geschaffenen Dinge, und dieses Buch liegt immer vor mir, wenn ich mich in Gottes Wort vertiefen möchte."[4]

In die Natur zu gehen, die Umgebung zu wechseln, damit der Blick weit schweifen kann, ist etwas Heilsames. Wir können beobachten, wie alles wächst und gedeiht. Wie die Pflanzen nebeneinander wachsen, ohne sich zu verdrängen, und den Tieren Lebensraum geben. Jedes Gewächs hat seinen Platz, seine Wachstumsphase, seine Funktion. Bestechend ist zu beobachten, wie die Farben der Natur miteinander harmonieren. Wie jedes auch noch so kleine Pflänzchen sich seinen Ort sucht.

Auch die Vögel zu beobachten, gerade im Frühjahr, ist eine Freude. Zu sehen, wie die Jungen von ihren Eltern gefüttert und versorgt werden, wie sie dann allmählich flügge werden und ihre eigenen Ausflüge unternehmen, erinnert uns an unsere eigenen, manchmal unsicheren Schritte.

Hildegard von Bingen sprach von der „veriditas", der „Grünkraft", die die Natur uns Menschen schenkt. Und in der Tat, in der Natur können wir auftanken, sie stärkt unsere Abwehrkräfte. Sie erweitert unseren Horizont und öffnet uns die Augen. So können wir Farben sehen und Düfte einatmen, die wir in geschlossenen Räumen nicht wahrnehmen. Ein Spaziergang in der Natur kann wie eine Meditation sein und die Seele von Lasten befreien. Ein kleines Stück Natur kann sich jeder von uns nach Hause holen. Kräuter in der Küche, Pflanzen auf dem Balkon und Gemüse im Garten. Manchmal genügt auch ein Strauß frischer Blumen. Ich kann mir ein Haus ohne Blumen nicht vorstellen.

## Den Körper fordern

Die Natur ist auch heilsam für unseren Körper. Die Bewegung an der frischen Luft macht den Kopf frei und bringt einen auf neue Gedanken.

Computerarbeitsplätze, Kommunikation und Bestellungen via Internet haben zur Folge, dass wir uns kaum noch von der Stelle bewegen müssen. Wir können uns alles ins Haus liefern lassen, mit unseren Freunden chatten, ohne sie zu treffen, und unsere Arbeit am Bildschirm erledigen. Das Schwätzchen mit dem Nachbarn über den Gartenzaun, die Einkäufe, die man zu Fuß erledigte, der körperliche Einsatz insgesamt ist in den Hintergrund getreten. Natürlich kann man dies nicht pauschalisieren. Es gibt nach wie vor Menschen, die Besorgungen bewusst zu Fuß erledigen und mit dem Fahrrad zur Arbeit fahren. Aber vielfach ist die Bewegung so zurückgegangen, dass wir uns in Fitnesscenter begeben und in geschlossenen Räumen unserem Bewegungsdrang nachgehen. Eigentlich eine absurde Sache. Früher waren die Menschen am Abend müde von der körperlichen Arbeit.

Ich kann dem Körper Gutes tun, indem ich ihn fordere, aber nicht unter- oder überfordere. Viele Menschen leiden heute an Ver-spannung, die durch ständige Anspannung entsteht. Oft merkt man die Verspannung, kann aber nicht genau definieren, wo sie sitzt. Ein hilfreiches Mittel dagegen ist die Eutonie, die sogenannte „Leibarbeit". Zu den Übungen gehört es, dass man sich Tennisbälle unter jede Schulter und rechts und links unter das Becken legt. Der Körper wird auf diesen punktuellen Druck zunächst mit Schmerzen reagieren, aber allmählich lösen sich diese Schmerzpunkte, und Entspannung macht sich breit. Bei einer anderen Übung liegt man ebenfalls auf dem Rücken, streckt Arme und Beine von sich und gähnt bewusst und kräftig. Am Anfang kommt man sich etwas merkwürdig vor, aber allmählich kommt das Gähnen wie von selbst, und mit diesen kräftigen Luftstößen befördert man quasi Blockaden im Bauchbereich aus dem Körper heraus.

Eutonieübungen sollte man unbedingt unter Anleitung lernen, dann kann man sie später auch alleine zu Hause anwenden.

Bewusste Bewegung sollte zum Tagesplan gehören. Wer den Tag mit Bewegung an der frischen Luft beendet, schläft besser.

Dem Körper Gutes zu tun bedeutet aber auch, sich ausgewogen zu ernähren und regelmäßige Mahlzeiten zu sich zu nehmen. Und zwar dreimal täglich zu festgelegten Zeiten, wobei das Abendbrot nicht zu spät stattfinden sollte. Wenigstens einmal täglich sollte auch die ganze Familie sich zu einer gemeinsamen Mahlzeit zusammensetzen. Der Austausch bei Tisch tut auch Geist und Seele gut. Körper, Geist und Seele sind eben nicht isoliert zu betrachten, sondern bilden eine Einheit.

*Wer sich mit sich selbst beschäftigt und sich Gutes tut, wird Körperempfindungen wahrnehmen, die er sonst ignoriert hat. Er wird seine körperliche, geistige und seelische Befindlichkeit spüren, die sonst meist durch hektischen Aktivismus verdeckt ist. Er wird erkennen, dass diese Momente der Beschäftigung mit sich selbst ungeheuer wichtig sind, denn sie gehören nur ihm persönlich.*

# Achtsam sein

## Fingerspitzengefühl im Umgang mit anderen

# Ein Blick sagt mehr als tausend Worte – Wie begegne ich den Mitmenschen

Für den ersten Eindruck gibt es keine zweite Chance", heißt es im Volksmund. In diesem Spruch steckt viel Wahrheit. Wohl jeder kennt die Situation, wenn man einen Menschen zum ersten Mal trifft, ohne Informationen über ihn zu haben. Unwillkürlich bildet man sich eine erste Meinung über ihn: sympathische oder weniger sympathische Ausstrahlung, starker Typ oder eher Softie, angenehmes oder weniger angenehmes Äußeres, ausgezeichnete oder etwas nachlässige Manieren. Eine Vielzahl von Attributen schießt einem durch den Kopf. Ohne dass es uns vielleicht bewusst ist, bringen wir unserem Gegenüber gleich zu Anfang Sympathie oder eher Skepsis entgegen. Und wenn unsere neue Bekanntschaft aufmerksam ist, kann sie möglicherweise schon an unserem freundlichen Lächeln oder dem distanzierten Blick ablesen, welchen ersten Eindruck sie macht. Manchmal können wir es nicht abwarten und geben dem Menschen keine Zeit, sich zu zeigen, wie er wirklich ist.

Diese erste Bewertung setzt sich zunächst einmal im Kopf fest. Für den eben kennengelernten Menschen, der davon ja gar nichts weiß oder höchstens etwas spürt, ist es unter Umständen gar nicht so einfach, Vorbehalte aus dem Weg zu räumen. Mögen sie nun gerechtfertigt sein oder nicht.

Ich selbst habe diesbezüglich immer wieder einmal interessante Erlebnisse bei Schweigeexerzitien gemacht.

Im Rahmen solcher Tage spielt die Körpersprache eine enorme Rolle. Die Teilnehmer können ihr Bild bei den anderen ja nicht durch Worte beeinflussen. Es sind alleine Blicke, Mimik, Gestik, Bewegungen, die uns einen Eindruck von der Persönlichkeit vermitteln. „Ohne Worte" ist ein Mensch in der Regel authentischer, denn er kann seine Ausstrahlung nicht durch eine Flut von Äußerungen zu korrigieren versuchen. Natürlich kann man auch Bewegungen und Gestik einstudieren, aber über mehrere Tage wird man dies nicht durchhalten und sich irgendwann selbst entlarven.

Es ist hochinteressant, wenn am Ende der Exerzitien das Schweigen gebrochen wird. Dann kann man nämlich feststellen, ob sich das Bild, das man sich vom anderen machte, verfestigt oder eher völlig anders darstellt. Es kann einem auch zeigen, wie sehr man bei der Beurteilung eines Menschen danebenliegen kann.

Ich selbst habe im Verlauf und am Ende solcher Schweigetage schon überraschende Erlebnisse gehabt. Beispielsweise erinnere ich mich an einen Teilnehmer, der während der gemeinsamen Stunden sehr ernst wirkte und sich nach den Treffen immer sofort auf sein Zimmer zurückzog. Nie sah ich ihn draußen bei Spaziergängen, auf denen ich durchaus anderen Teilnehmern begegnete, die mir freundlich zunickten, wenn sie mich sahen. Er zog sich vollkommen zurück. Und ich nahm an, dass er ein sehr stiller, in sich gekehrter Mensch sein würde. Als wir dann das Schweigen brachen und uns zum ersten Mal verbal austauschten, entpuppte sich dieser Mensch als sehr lustig und unterhaltsam. Er stand vor einer wichtigen Lebens-entscheidung und hatte sich daher in sich selbst zurück-gezogen. Nachdem er sich darüber klar geworden war, welchen Weg er gehen würde, konnte er sich uns wieder zuwenden. Und brachte sich beim Abschlussgespräch sehr in die Gruppe ein. So kann man sich täuschen.

„Hab' die Menschen gern, die kleinen, die großen, die schönen, die hässlichen, die lustigen, die trockenen, die geschickten, die ungeschickten, die gelungenen, die miss-glückten. Deine Liebe wird ihnen guttun. Du merkst ja selber auch gleich, ob einer, der mit dir zu tun hat, dich mag oder nicht", schrieb der belgische Ordenspriester Phil Bosmans.[5] Ein wichtiger Appell, offen und ohne Vorbe-halte auf jeden Menschen zuzugehen, und mag dieser auf den ersten Blick auch noch so wenig meinen Vorstellun-gen von einer sympathischen Persönlichkeit entsprechen. Und sind wir doch mal ehrlich: Ist es nicht jedem von uns schon passiert, dass jemand uns von oben bis unten abcheckte, als wir ihm das erste Mal die Hand reich-ten? Und wenn man nach der ersten „optischen Prüfung" dann skeptische, desinteressierte oder gar abweisende Bli-cke erntete, fand man dies doch auch ungerecht.

Wie schnell sind wir manchmal mit Vorurteilen bei der Hand. In dem Begriff „Vor-urteil" steckt das Wort „Urteil". Wir begutachten unser Gegenüber und fällen dann unsere Entscheidung. Das ist doch eigentlich ein ziemlich dras-tisches Vorgehen, das wir bei neuen Bekanntschaften manchmal anwenden.

Mit den Vor-Urteilen halten wir uns immer auch selbst den Spiegel vor. Denn darin zeigen sich unsere Eigenheiten, unsere Erfahrungen, unsere Vorbehalte, die immer mit im Spiel sind, wenn wir andere Menschen einordnen. Unwillkürlich vergleichen wir uns mit unserem Gegenüber und haken eine imaginäre Checkliste ab: Sieht sie/er vielleicht besser aus? Ist sie/er möglicherweise intelligenter? Wirkt sie/er eloquenter? Kann sie/er mehr Aufmerksamkeit auf sich ziehen? Wer zu schnellem Urteil neigt, sollte ein Auge auf sich selbst haben. Dann wird er sehr rasch feststellen, dass er auch nicht ohne Fehler ist. Menschen, die sich ständig mit anderen vergleichen und über sie urteilen, werden keine innere Ruhe finden, denn sie werden entweder etwas an sich selbst oder an den anderen auszusetzen haben.

Neulich habe ich diese sehr schöne Geschichte eines unbekannten Autors gefunden:

Es war einmal eine alte chinesische Frau, die zwei große Schüsseln hatte. Sie hingen von den Enden einer Stange, die sie über ihren Schultern trug. Eine der Schüsseln hatte einen Sprung, während die andere makellos war und stets eine volle Portion Wasser fasste. Am Ende der Wanderung vom Fluss zum Haus der alten Frau war die andere Schüssel jedoch immer nur noch halb voll. Zwei Jahre lang geschah dies täglich: Die alte Frau brachte immer nur anderthalb Schüsseln Wasser mit nach Hause. Die makellose Schüssel war natürlich sehr stolz auf ihre Leistung, und die Schüssel mit dem Sprung schämte sich. Nach zwei Jahren, die ihr wie ein endloses Versagen vorkamen, sagte sie zu der alten Frau: „Ich schäme mich so wegen meines Sprungs, aus dem den ganzen Weg zu deinem Haus immer Wasser läuft." Die alte Frau lächelte: „Ist dir aufgefallen, dass auf deiner Seite des Weges Blumen blühen, aber auf der Seite der anderen Schüssel nicht? Ich habe auf deiner Seite des Pfades Blumensamen gesät, weil ich mir deines Fehlers bewusst war. Nun gießt du sie jeden Tag, wenn wir nach Hause laufen. Zwei Jahre lang konnte ich diese wunderschönen Blumen pflücken und den Tisch damit schmücken. Wenn du nicht genau so wärst, wie du bist, würde diese Schönheit nicht existieren und unser Haus beehren."[6] Welch ein schönes Beispiel für verborgene Qualitäten, die auf den ersten Blick überhaupt nicht erkennbar sind. Deshalb: Bevor man mit kritischem Auge die Fehler und Mängel bei Mitmenschen herauszupicken versucht, sollte man lieber auf deren Vorzüge achten.

„Wer Fehler finden will, findet sie auch im Paradies", sagte der amerikanische Schriftsteller und Philosoph Henry David Thoreau. Möglicherweise hat schon jeder von uns einmal jemanden kennengelernt, der jeden und alles negativ bewertete. Der ständig rumnörgelte und quengelte. Solche Menschen verbreiten Unzufriedenheit. Man kann sie oft nicht ändern, sich aber von ihnen abgrenzen, damit man stimmungsmäßig nicht heruntergezogen wird.

Wenn man aufhört, sich mit anderen zu vergleichen, und nicht die Dinge, die der Mitmensch besitzt, höher bewertet als das, was man sein Eigen nennt, wird man dankbarer. Und man entwickelt mehr Achtsamkeit für die positiven Dinge, die einem täglich so über den Weg laufen.

## Beziehungen müssen wachsen können

W arte auf das Wunder, wie der Gärtner auf das Frühjahr", heißt es bei Antoine de Saint-Exupéry. Wunder entdeckt man nur, wenn man sich Zeit nimmt. In der
Hektik bleiben sie unbemerkt.

Wer selbst einen Garten hat oder Blumen und Kräuter
auf dem Balkon zieht, weiß, dass man erst Wochen oder
gar Monate warten muss, bis sich die ersten Blütenköpfe
und Kräuterspitzen zeigen. Erst allmählich sieht man, ob
der Samen aufgegangen ist und die Pflanze sich gut entwickelt hat oder noch Dünger braucht. Nicht wenige Gärtner sprechen mit ihren Pflanzen. Ich kenne eine Bäuerin,
die noch die mickrigste Balkonpflanze zu herrlicher Blüte
bringt. „Weil ich ihnen täglich Zuspruch gebe", sagte sie
mir einmal.

Genauso ist es mit den Beziehungen zwischen Menschen: Sie brauchen Zeit zum Wachsen. Man muss achtsam mit ihnen umgehen. Wenn man ein schnelles Urteil
über den anderen fällt, gibt es für eine Entwicklung keine
Chance mehr. In vielen Situationen ist es einfach besser
zu schweigen, statt an den Mitmenschen Kritik zu üben.

Manchmal setzen wir uns selbst und andere zu sehr
unter Druck, weil wir unbedingt möchten, dass eine Beziehung gelingt. Und zwar möglichst umgehend. Oft ist dann
genau das Gegenteil der Fall. Die Erwartungen sind einfach zu groß und die Beziehungen zum Scheitern verurteilt.

Das mag zum Teil auch daran liegen, dass wir dem
anderen unbedingt gefallen möchten. Dass wir seine

Anerkennung und seine Zuneigung erwirken – manchmal vielleicht auch erzwingen – möchten. Wir sind dann so darauf aus, dass wir uns verbiegen und verstellen, weil wir glauben, so von dem anderen eher gemocht zu werden. Aber ein solches Verhalten steht auf tönernen Füßen, denn niemand kann ein derartiges Rollenspiel auf Dauer durchhalten. Irgendwann wird das wahre Ich zum Vorschein kommen, und spätestens dann wird das Gegenüber merken, dass man Theater gespielt hat. Und wird vermutlich enttäuscht oder verärgert sein. Deshalb ist es immer wichtig, authentisch zu sein und sich nicht abhängig von Anerkennung zu machen. Man kann eben nicht „Everybody's Darling" sein.

Jeder Mensch ist einzigartig, und nicht in allen Dingen kann man einer Meinung sein. So bleibt es nicht aus, dass auch Konflikte entstehen. Wichtig ist es jedoch, sie nicht unter dem Deckel zu halten, sondern frühzeitig zur Sprache zu bringen. So früh, dass keine irreparablen Schäden in einer Beziehung entstehen. Es gibt eine alte Lebensweisheit, die besagt, dass man Ärger mit anderen Menschen möglichst bereinigen sollte, bevor die Nacht anbricht. Wenn dies nicht möglich ist, sollte man sich den Groll, den man mit sich herumschleppt, wenigstens vor dem Zubettgehen einmal genauer anschauen. Denn Ärger hat immer auch etwas mit uns selbst zu tun. Und vielleicht ist der Ärger ja auch gar nicht gerechtfertigt, wenn wir ihn uns einmal in Ruhe betrachten.

Selbst wenn uns jemand verletzt hat, bewährt es sich, auf ihn zuzugehen, darüber zu sprechen und sich auf ihn einzulassen. Wer es einmal ausprobiert hat, wird feststellen, dass man dabei eigentlich immer offene Türen vorfindet. Man kann im Prinzip nur gewinnen. Manche Menschen scheuen ein offenes Gespräch, sind aber dankbar, wenn der andere Probleme anspricht. Man zeigt dem Mitmenschen, dass man ihn und die Beziehung zu ihm so sehr achtet, dass man Steine aus dem Weg räumen möchte. Und man wird ihm mit der Geste des Aufeinander-Zugehens eine Freude machen. Damit belohnen Sie auch sich selbst, denn diese Freude wird auf Sie selbst zurückfallen.

*„Wer mit sich selbst schlecht umgeht, wem kann der gut sein? Denke also daran: ‚Gönne Dich Dir selbst.'"*
Bernhard von Clairvaux (um 1090 – 1153)

## Zu-hören und hin-hören –
## Den anderen Beachtung schenken


Endlich hat sie einen Termin. Schon lange hat Marie-Theres Winter darauf gewartet. Die Abteilungsleiterin eines Call-Centers hatte immer wieder im Vorzimmer der Geschäftsleitung um ein Gespräch mit dem Geschäftsführer gebeten. An ihn selbst kommt sie so gut wie nie direkt heran. In der Abteilung, für die Marie-Theres Winter verantwortlich ist, zeichnen sich seit einiger Zeit massive Probleme ab.

Ohne Umschweife kommt Marie-Theres darauf zu sprechen, als sie zum Chef vorgelassen wird. Denn die Assistentin hat ihr vorher deutlich gemacht, dass der Geschäftsführer nur wenig Zeit für sie und das Gespräch zwischen zwei wichtigen Terminen eingeschoben hat.

Das Call-Center ist seit kurzer Zeit für einen neuen Kunden tätig. Marie-Theres schildert, dass die Mitarbeiterinnen ihrer Abteilung dringend Schulungen benötigen, um die Produkte des neuen Kunden besser kennenzulernen. Aus Kostengründen hatte der Chef nur eine kurze Einführung in die Produktpalette angeordnet. Dies ist jedoch nicht ausreichend genug, um auf die Fragen und Probleme der Anrufer qualifizierte Antworten geben zu können. Marie-Theres befürchtet, dass Beschwerden vonseiten der Anrufer zu erwarten sind, die auf Dauer auch dem neuen Kunden nicht verborgen bleiben können.

Während die Abteilungsleiterin berichtet, merkt sie, dass ihr Chef nicht ganz bei der Sache ist. Er wirft zwischendurch immer wieder einen Blick auf Unterlagen, schiebt kurze Telefonate ein und gibt seiner Assistentin Anweisungen für die folgende Sitzung. Wenn er sich Marie-Theres wieder zuwendet, vermittelt er dieser zwar das Gefühl gehört zu werden, lässt auf der anderen Seite aber auch erkennen, dass sie sich kurz fassen soll. Als Marie-Theres mit der Schilderung ihrer Probleme fertig ist, ist die Reaktion des Chefs knapp und eindeutig: „Und, sind denn tatsächlich schon Beschwerden gekommen?"

„Nein", erwidert Marie-Theres, „aber ich fürchte, wir werden bald damit rechnen müssen."

Der Chef wird ungeduldig: „Nun malen Sie mal keine Gewitterwolken an den ungetrübten Himmel. Unsere Kunden waren mit unserer Arbeit bisher immer zufrieden. Warum sollten sie es nicht auch in Zukunft sein? Wir müssen uns doch nicht den Kopf zerbrechen über die Dinge, die bisher überhaupt nicht eingetreten sind."

In sehr dezidierten und wohlüberlegten Worten versucht Marie-Theres, ihrem Geschäftsführer nochmals die möglichen Konsequenzen aufzuzeigen. Doch der Vorgesetzte hat seine Entscheidung bereits gefällt. Er sieht keine Notwendigkeit, Schulungsmaßnahmen zu ergreifen, und möchte das Geld dafür lieber einsparen. Für ihn ist das Gespräch damit beendet. Er hat seiner Mitarbeiterin Marie-Theres Winter für eine gewisse Zeit sein Ohr geliehen, aber diese „Leihphase" ist jetzt beendet. Und etwas Geliehenes ist ja nicht etwas, was man sein Eigen nennen kann. So hatte die Abteilungsleiterin während des Gesprächs auch nie das Gefühl, dass der Chef mit „eigenem" Interesse ihren Ausführungen lauschte. Er hat sich seiner Mitarbeiterin nicht wirklich zugewandt.

Es kommt, wie Marie-Theres Winter befürchtet hat. Eigentlich kommt es noch schlimmer. Aufgrund der geringen Kenntnisse können die Mitarbeiterinnen des Call-Centers die neuen Produkte kaum an den Mann bringen. Und bei Rückfragen der Anrufer müssen sie oft passen. Dies bleibt natürlich dem neuen Auftraggeber nicht verborgen, denn nicht nur die Anzahl der verkauften Produkte bleibt unter dem vereinbarten Limit, sondern es hagelt auch bei ihm Beschwerden über das unqualifizierte Personal des Call-Centers. Am Ende greift der Kunde zur härtesten Maßnahme und kündigt den Vertrag mit dem Call-Center. Ein enormer finanzieller Verlust für das Unternehmen und zudem ein großer Imageschaden.

Marie-Theres' Vorgesetzter tobt: „Warum hat mir denn niemand etwas von diesen Problemen erzählt!" „Das habe ich", sagt Marie-Theres Winter, „erinnern Sie sich, dass ich vor einer Weile bei Ihnen war? Sie haben meine Worte gehört, aber zugehört haben Sie mir nicht."

Ein spezieller Fall? Sicher nicht.

Ein Einzelfall? Auch das nicht.

Kommt uns diese Situation nicht irgendwie bekannt vor? Wie oft passiert es uns im Alltag, dass wir zwar Worte hören, die an uns gerichtet werden, aber nicht wirklich zuhören. Natürlich nicht immer mit solchen Konsequenzen wie im eben geschilderten Fall. Aber eigentlich hat doch jeder, der mit uns spricht, ein Anrecht darauf, dass wir uns auf ihn konzentrieren.

Manchmal ist es uns selbst nicht bewusst, dass wir nicht voll bei der Sache sind. Viele von uns haben täglich ein solches Anforderungspaket zu erfüllen, das wir versuchen, diesen Ansprüchen durch Multi-Tasking gerecht zu werden. Während wir mit jemandem sprechen, können wir noch nebenbei eine Kleinigkeit erledigen. Besonders praktisch ist dies bei Telefonaten. Da kann man Unterlagen sortieren, Mails schreiben, sogar im Haus herumspazieren, die Waschmaschine befüllen, kochen oder sonstige nützliche und sicher auch notwendige Dinge erledigen. Doch werden wir so unserem Gesprächspartner gerecht, selbst wenn er uns nicht sehen kann?

Manche haben auch keine Scheu, in Gegenwart ihrer Gesprächspartner Mails zu checken, SMS zu schreiben oder kurz zu telefonieren. Manchmal kann dies absurde Formen annehmen. Ich habe es in einem Seminar erlebt, für das die Teilnehmer sehr viel Geld bezahlt hatten, dass viele von ihnen permanent mit ihren „Smartphones" beschäftigt waren, während die Referenten versuchten, ihnen etwas zu vermitteln. Dabei konnte man das Gefühl bekommen, dass sich die „Simser" gegenseitig anspornten. Wer die meisten Nachrichten bekam und sie auch gleich beantwortete, musste doch sehr bedeutend sein. Kann man so wirklich noch unterscheiden, was wichtig ist und was auf einen späteren Zeitpunkt verschoben werden kann?

Die modernen Kommunikationsmittel, die oft sehr hilfreich sind, können dazu führen, dass das echte „Zu-Hören" in den Hintergrund gedrängt wird. Eine SMS oder eine Mail ist schnell erledigt. Da muss man sich auch nicht umfangreicher mit seinem Kommunikationspartner beschäftigen. Man drückt auf „senden" und kann sich dann rasch anderen Dingen zuwenden. Selbst Kollegen, die in benachbarten Büros sitzen, ziehen es manchmal vor, eine Sache nicht im persönlichen Austausch, sondern per Mail zu klären. Der schnelle Weg kann zu Unbeweglichkeit führen, sowohl körperlich als auch mental. Könnten wir nicht im verbalen Austausch die Argumente der anderen besser nachvollziehen, wenn sie durch Mimik und Gestik unterstrichen werden?

Und sind wir ehrlich, manchmal wollen wir ja eigentlich auch gar nicht zu-hören, sondern nur etwas loswerden. Zu-hören bedeutet nämlich, dem anderen Beachtung zu schenken, sich auf ihn einzulassen. Und das kostet eben mehr Zeit als das Versenden einer kurzen SMS.

Wenn ich jemandem meine Aufmerksamkeit schenke, so muss ich mich zu ihm hinbegeben. Ich muss mich auf den Weg zu ihm machen. Manchmal muss ich dafür eine räumliche Distanz überwinden. Manchmal muss ich aber auch einen inneren Widerstand beiseiteräumen, um ohne Vorbehalte zu-hören zu können und die Worte meines Gesprächspartners in mich aufzunehmen. Indem ich mich auf den Mitmenschen zubewege, zeige ich ihm aber auch meine Wertschätzung. Er ist für mich so wichtig, dass ich zu ihm hingehe, bei ihm stehen bleibe, ihn genau anschaue und seinen Worten lausche.

Zu-hören bedeutet auch zu-wenden. Seinen Blick auf sein Gegenüber zu richten, den Körper in seine Richtung zu drehen. Manchmal können wir uns vielleicht dabei beobachten, wie wir uns mit jemandem unterhalten, unser Körper aber schon in eine andere Richtung strebt, weil wir auf dem Sprung sind. Es kann auch sein, dass uns unser Gegenüber nicht sehr sympathisch ist und wir dies unbewusst auch äußerlich durch unsere Körperhaltung dokumentieren. Wenn wir ehrlich sind, wissen wir, dass wir in diesem Moment nicht mehr wirklich zu-hören. Zu-hören im Sinne von zu-wenden bedeutet auch, jemandem Zuwendung zu schenken. Ihm ohne Vorbehalte zu begegnen. Zugegeben, das ist nicht immer einfach, wenn wir möglicherweise schlechte Erfahrungen gemacht haben. Aber man sollte es wenigstens immer wieder versuchen. Denn jeder von uns soll neue Chancen bekommen. Das wünschen wir uns doch auch für uns selbst. Gleiches Recht für alle. So hat jeder das Recht, dass man ihm seine Wertschätzung zeigt und ein echtes Interesse an seiner Person bekundet, indem man ihm zu-hört.

*„Wir hören viel, aber wir hören erst eigentlich, wenn wir die wirren Stimmen haben sterben lassen und nur noch eine spricht. Wir sehen viel, doch sehen wir erst eigentlich, wenn wir die wirren Lichter alle ausgeblasen haben und nur das eine klare, große in die Seele leuchtet, das fern ist aller Geschaffenheit, aller Gespaltenheit."*
*Meister Eckhart (1260–1327)*

## An-hören statt weg-hören
## im Sinne des heiligen Benedikt –
## Jedem immer wieder Chancen geben

Ein Altvater wurde einmal von einem Bruder gefragt: „Warum urteile ich eigentlich so häufig über meine Brüder?" Darauf antwortete der Altvater ihm: „Weil du dich noch nicht selbst kennst. Denn wer sich selber kennt, der sieht die Fehler der Brüder nicht."

Als Altväter bezeichnet man die weisen Männer, die andere Menschen in vorchristlicher Zeit geistlich begleiteten. Seit dieser Epoche scheint sich an diesem Verhalten nichts geändert zu haben. Es ist anscheinend eine urmenschliche Eigenschaft, erst einmal auf andere zu zeigen, statt sich der eigenen Schwächen zu besinnen. Dabei gilt doch für uns alle: „Nobody is perfect."

Der Ordensvater Benedikt von Nursia widmete in seiner Regel, die er im 6. Jahrhundert nach Christus verfasste, acht Kapitel dem Thema „Verfehlungen und Schwächen". Seine Ausführungen scheinen auf den ersten Blick die Miniaturausgabe eines Strafgesetzbuchs zu sein. Es mag erstaunen, dass im Kloster so viel Ungehorsam herrschte und Verfehlungen begangen wurden, dass Benedikt sich verpflichtet fühlte, Sanktionen für bestimmte Regelverstöße festzulegen. Aber die klösterliche Gemeinschaft bestand damals wie heute eben auch aus Mitgliedern, denen Fehler unterliefen und deren Verhalten nicht immer beispielhaft war. „Wir sind keine besseren Menschen", sagte mir einmal ein Mönch aus der Abtei Münsterschwarzach, „und weiß Gott nicht ohne Fehl und Tadel."

So kann die Regel Benedikts auch ein sehr hilfreicher Verhaltenskodex für uns Menschen außerhalb der Klostermauern sein. Und sie ist trotz ihres Alters von rund 1.500 Jahren absolut aktuell und zeitgemäß. Es gibt wohl wenige historische Schriften, von denen man das behaupten kann. Aus den Zeilen des Ordensvaters spricht eine große Lebenserfahrung. Er kannte seine „Pappenheimer" und wusste sehr genau, wovon er sprach. Oberste Priorität war für ihn, die Verfehlenden nicht vorschnell zu verurteilen, sondern sich um sie zu kümmern und Verständnis für sie aufzubringen: „Mit größter Sorge muss der Abt sich um die Brüder kümmern, die sich verfehlen, denn nicht die Gesunden brauchen den Arzt, sondern die Kranken. Daher muss der Abt in jeder Hinsicht wie ein weiser Arzt vorgehen."[7] Benedikt plädiert also dafür, sich den Verfehlenden mit großer Sorgfalt zuzuwenden und sie nicht umgehend öffentlich abzuurteilen.

Die Sanktionen, die Benedikt vorschlägt, gleichen daher einem Stufenplan: Oberstes Gebot ist erst einmal die Diskretion. Bei kleinen Verfehlungen soll der Obere zunächst mit dem Mitbruder sprechen. Die ganze Sache soll nicht an die große Glocke gehängt, sondern unter vier Augen geklärt werden. So wird der Mitbruder nicht öffentlich an den Pranger gestellt. Zweimal soll er im Geheimen zurechtgewiesen werden und kleinere Strafen erhalten, beispielsweise den Ausschluss von der Mahlzeit. So hat der Betroffene die Chance, sich mit seinem Fehlverhalten auseinanderzusetzen und Besserung zu beweisen, ohne dass die anderen davon erfahren.

Erst wenn sich diese Methode als nicht erfolgreich herausstellt, sollen die Vergehen des Mitbruders im Kreis der Klostergemeinschaft besprochen werden. Also auch in diesem Fall noch nicht der Gang an die Öffentlichkeit, sondern die Diskussion in der Runde der Betroffenen. Dann sind zwar die Mitbrüder eingeweiht, der Verfehlende hat aber noch die Möglichkeit, seine Fehltritte wiedergutzumachen. Nach außen wird sein Fehlverhalten aber nach wie vor nicht publik gemacht.

Zeigt er dennoch keine Besserung, kann er ausgeschlossen werden. Dieses Sanktionsmittel soll aber nur in allerletzter Konsequenz angewandt werden. Und selbst nach Ausschluss aus der Gemeinschaft soll dem Schuldigen bis zu dreimal die Rückkehr ermöglicht werden, wenn er echte Reue zeigt und sein Verhalten dauerhaft ändert: „Der Abt muss sich sehr darum sorgen und mit Gespür und großem Eifer danach streben, dass er keines der ihm anvertrauten Schafe verliert. Er sei sich bewusst, dass er die Sorge für gebrechliche Menschen übernommen hat, nicht die Gewaltherrschaft über Gesunde."[8]

Dieses Verständnis für menschliche Verhaltensweisen und der Langmut, den der Ordensvater Benedikt im Umgang mit seinen Mitbrüdern an den Tag legt, ist geradezu beeindruckend. Es ist ein hervorragendes Beispiel für einen sorgsamen Umgang mit den Mitmenschen. Benedikt spricht von „gebrechlichen" Menschen. Gebrechlich im Sinne von „nicht perfekt" sind wir doch eigentlich alle.

Aber wer ehrlich mit sich selbst ist, wird vermutlich feststellen, dass dieser Großmut gegenüber den anderen, den Benedikt propagiert, uns im Alltag des Öfteren verloren geht. Da fehlt es oft an Achtsamkeit im Umgang mit anderen.

Zu hektisch sind unsere Tage, zu groß die Anforderungen an allen Fronten, als dass wir uns immer genügend Zeit nehmen für unsere Mitmenschen. Viel einfacher ist es doch, ein rasches Urteil zu fällen und denjenigen, der einen Fehler begangen hat, abzustempeln. Dann hat man sogar noch die Chance, sich selbst als besseren Menschen darzustellen.

Doch wie ist es, wenn uns selbst Fehler unterlaufen? Fordern wir dann nicht, dass die Mitmenschen uns wenigstens an- und nicht weghören? Dass wir unsere Gründe darlegen und uns erklären können? Das erhoffen wir uns zumindest. Und das, was wir für uns selbst erhoffen, sollten wir doch auch anderen Menschen zugestehen.

Dies gilt insbesondere für Menschen, die uns anvertraut sind. Diejenigen, mit denen wir unter einem Dach wohnen, diejenigen, mit denen wir zusammenarbeiten. Jene, mit denen wir Freizeit verbringen. Eben alle Menschen, mit denen wir auf unserem Lebenspfad unterwegs sind.

Von Phil Bosmans habe ich zu diesem Thema folgenden Text gefunden:

„Wie sehe ich die Fehler bei meinem Mann, bei meiner Frau, meinem Vater, meiner Mutter, meinen Kindern? Die Fehler meines Kollegen, meines Mitarbeiters, meines Klassenkameraden, meines Nachbarn? Verstehe mich recht. Fehler von Menschen, die ich selbst nicht kenne, … um die geht es nicht. Sondern um die Fehler und Schwächen der Menschen, die mir ganz nahestehen, die ich zu lieben meine … Die Fehler dieser Menschen also, wenn ich nur darauf lauere, darüber losziehe und darauf herumhacke, dann wird es Zeit, dass ich in mein eigenes Herz sehe."[9]

## Verzeihen können

W enn wir aufhören, andere zu beurteilen, gar zu verurteilen, wird es auch uns besser gehen. Manchmal muss man einfach auch einmal schweigen können – äußerlich und innerlich. Denn indem wir andere Menschen beurteilen, vergleichen wir uns unbewusst selbst mit ihnen. Und gleichzeitig versuchen wir, eine Distanz zum anderen aufzubauen, sich von ihm abzuschotten. Der Verzicht auf das Richten ist ein Weg, selbst innerlich zur Ruhe zu kommen und Frieden zu finden. Ich erinnere mich an eine ehemalige Kollegin, die sich unentwegt über ihre Sekretärin beschwerte. Einmal war sie in ihren Augen zu schlampig gekleidet, dann war sie am Telefon nicht freundlich genug, ein anderes Mal hatte sie ihr den Kaffee nicht rechtzeitig gebracht. So gab es viele Anlässe, sich zu beklagen. Diese Sekretärin war sonst im gesamten Kollegenkreis sehr beliebt. Sie galt als freundlich und hilfsbereit. Nur ihre Chefin war mit ihr unzufrieden. Diese wandte sich sogar an die Personalabteilung. Der Personalleiter war ein kluger, lebenserfahrener Mensch und erkannte in dem Konflikt ziemlich bald auch eine gewisse Eifersucht der

Chefin auf die Beliebtheit ihrer Sekretärin im Kollegenkreis. Er empfahl der Abteilungsleiterin, wie ich später erfuhr, doch auch einmal die eigene Rolle in diesem Konflikt zu beleuchten, sich mit Kritik zurückzuhalten und sich öfter mit ihrer Mitarbeiterin auszutauschen, statt sie abzuurteilen. Denn er wusste, dass die Sekretärin eigentlich einen guten Job machte.

Tatsächlich entpuppte sich dieser Vorschlag als ein hilfreiches Mittel, denn die Abteilungsleiterin erkannte nach und nach, was sie an ihrer Sekretärin hatte. Dies erleichterte nicht nur die Zusammenarbeit der beiden Frauen, sondern verbesserte auch das Klima in der ganzen Abteilung, die unter dem Konflikt gelitten hatte. Es ist doch wirklich sinnvoller, den anderen anzuhören. So kann er sein Verhalten begründen, und wir haben die Möglichkeit, ihn besser zu verstehen. An-hören, statt weg-hören. Und im Sinne Benedikts jedem immer wieder Chancen geben. Dazu gehört manchmal auch, demjenigen, der Fehlverhalten gezeigt und mich mit diesem Verhalten vielleicht sogar verletzt hat, vergeben zu können. Nicht immer ist das einfach. Es erfordert menschliche Stärke. „Der Schwache kann nicht verzeihen. Verzeihen ist eine Eigenschaft der Starken", sagte Mahatma Gandhi.

Eine Bekannte erzählte mir kürzlich, dass ihre Vorgesetzte ihre Launen an den Kollegen und ihr auslasse, morgens mit grantigem Gesicht ins Büro komme und jede kleinste Ungenauigkeit an die große Glocke hänge. Wenn man etwas gut mache, verliere sie dagegen kein Wort darüber. Ich empfahl ihr, die Vorgesetzte doch in einer ruhigen Minute mal auf dieses Verhalten anzusprechen. Meine Bekannte traute sich zunächst nicht, nahm sich aber dann, als sie sich wieder einmal ungerecht behandelt fühlte, doch ein Herz und bat um einen Gesprächstermin. Unter vier Augen sprach sie ihre Chefin auf die Problematik an, ruhig und möglichst sachlich.

Die Vorgesetzte war völlig überrascht. Es war ihr gar nicht bewusst gewesen, dass sie ihre Kollegen so behandelte. In dem Vier-Augen-Gespräch erzählte sie dann auch, dass sie in den letzten Monaten sehr großen Druck hatte, weil ihr Mann ernsthaft erkrankt war. Davon hatte sie den Mitarbeitern nichts erzählt, aber sie hatte diesen häuslichen Stress mit ins Büro genommen und irgendwie an den Kollegen ausgelassen. Für meine Bekannte war nun klar, warum die Chefin unter Stimmungsschwankungen litt. Sie fand es zwar nicht gut, aber konnte doch Verständnis für die Lage der Chefin aufbringen. Diese lud ihren Mitarbeiterkreis nach dem Vier-Augen-Gespräch zu einem Kaffee ein, bat um Verständnis für ihre Situation und besprach in der Runde, was man im Umgang miteinander und den Abläufen im Büro verbessern könne.

Wie mir meine Bekannte erzählte, ist die Stimmung an ihrem Arbeitsplatz wesentlich besser geworden, weil alle motivierter sind. Die Chefin bemüht sich erkennbar um eine bessere Atmosphäre, und wenn sie wirklich einmal nicht so gut drauf ist, dann wissen die anderen nun, woran es liegt, und können es besser einordnen.

Seitdem die Chefin ganz offen über ihre Probleme gesprochen hat, fällt es den Mitarbeitern leichter, ihr

Stimmungsschwankungen zu verzeihen. Die Vorgesetzte hat Demut geübt. Demut heißt in diesem Zusammenhang: Mut zur Wahrheit. Bei wahrhaftiger Betrachtung der eigenen Handlungen wird man nämlich feststellen, dass man selbst eben auch Fehler macht. Jeder muss seine eigene Menschlichkeit annehmen, dann kann man auch wieder aufs Neue auf den anderen zugehen. Und indem man auf ihn zugeht, kommt bei einem selbst etwas in Bewegung. Man läuft dann nicht Gefahr, starr und unerbittlich zu werden. Im Gegenteil, dies birgt die Chance, in Bezug auf die Verbindung mit dem anderen wieder neu anzufangen. „Semper incipe", heißt es in einer alten mystischen Schrift: „Fange immer wieder an." Dies trifft auch auf eine Beziehung zu, der man durch das Verzeihen eine neue Chance gegeben hat.

Wir alle brauchen immer wieder die Erfahrung des Getragenseins und des Beschenktwerdens mit Chancen und Entfaltungsmöglichkeiten. Wenn wir die anderen sein lassen, wie sie sind, haben auch wir die Freiheit, so zu sein, wie wir gerne sein möchten. Auch ans Ende dieses Kapitels passt eine kleine Geschichte der Altväter:

Der Altvater Poimen bat den Altvater Joseph: „Sage mir, wie ich Mönch werde." Er antwortete: „Wenn du Ruhe finden willst, hier und dort, dann sprich bei jeder Handlung: ‚Ich – wer bin ich?' und richte niemand!"[10]

*„Ziehe sanfte, zarte Güte an für alle Menschen,*
*und lass keinen stehen in der Kälte."*
Phil Bosmans (1922–2012)

## Von sich hören lassen und in Kontakt bleiben – Die Mitmenschen nicht aus den Augen verlieren

Gestern kam ich von einem einwöchigen Seminar zurück. „Lass mal von dir hören", sagte ich zu einer Teilnehmerin, als ich mich von ihr verabschiedete. Wir hatten uns erst im Rahmen dieser Veranstaltung kennengelernt, gute Gespräche geführt und festgestellt, dass wir auf einer Wellenlänge lagen. Ob sie sich wohl melden wird? Und ob ich es schaffe, sie nicht aus den Augen zu verlieren?

„Lass uns mal telefonieren" – oft hört man doch diesen Spruch, und manchmal äußert man ihn selbst. Diese Floskel hat etwas Unverbindliches und wird häufig einfach so dahingesagt. Auch wenn man weiß, dass man den Telefonhörer wohl kaum in die Hand nehmen wird, um die betreffende Person anzurufen. Selbst wenn man sie eigentlich nett findet. Man möchte dann einfach ein paar verbindliche Worte äußern, wenn man sich verabschiedet. Und damit in gewisser Weise andeuten, dass man gerne einmal wieder ein nettes Gespräch mit ihr führen würde. Aber wirklich wichtig ist einem dieser Kontakt bei ehrlicher Betrachtung wohl kaum, sonst würde man eine konkretere Verabredung treffen.

„Lass uns mal telefonieren" – sehr oft ist dieser Ausspruch aber auch aufrichtig gemeint. Nur bleibt es allzu häufig bei diesem guten Vorsatz. Die Wochen und Monate gehen dahin und – nichts passiert. Woran mag dies liegen? Eigentlich freut man sich doch in der Regel, neue, anregende Kontakte zu knüpfen. Und den Bekanntenkreis durch interessante Menschen zu erweitern bedeutet ja eine Bereicherung. Dennoch greifen wir in vielen Fällen nicht zum Telefon, schreiben keine Mail und lassen den Faden abreißen.

Im Alltag müssen wir vielen Anforderungen gerecht werden und eine Menge Termine unter einen Hut bringen. Bei einem solch engen Zeitkorsett gerät so manche neue Bekanntschaft in Vergessenheit. Hin und wieder kommt sie einem in Erinnerung, und man denkt sich: „In den nächsten Tagen melde ich mich wirklich einmal", aber nun ja, die Tage rasen eben dahin. Und damit die Chance, dass der Kontakt eben doch noch einmal wiederbelebt wird.

Sicherlich hat so mancher von uns Verbindungen, die wirklich nur auf ein Treffen im Jahr beschränkt sind. Dies kann zum Beispiel der Fall sein, wenn man seine Ferien über Jahre immer zur gleichen Zeit im selben Hotel verbringt. Dann kann man sicher sein, viele bekannte Gesichter wiederzusehen, ohne sich vorher konkret für diesen Zeitpunkt zu verabreden. Menschen, an die man sich kurz vor Urlaubsbeginn wieder erinnert und mit denen man dann schöne Ferientage verbringt. Unterhaltsame Stunden, die aber völlig losgelöst von unserem Alltag sind. Nach dem Urlaubsende sind diese Bekanntschaften noch eine Weile in unserem Gedächtnis präsent, sie geraten aber in den Hintergrund, weil sie eben nicht zu unserem täglichen Leben gehören. Alle Beteiligten wissen und akzeptieren dies, ohne es groß zu thematisieren. Jeder freut sich über die netten Stunden, die man miteinander verbracht hat, aber nimmt dann auch wieder gelassen Abschied. Wohl wissend, dass diese Treffen eben nur zu einer bestimmten Zeit des Jahres gehören.

Anders verhält es sich jedoch mit neuen Kontakten, bei denen man spürt, dass es eine breite Basis an Übereinstimmung gibt. Gleiche Lebenseinstellung, verwandte Interessen, die gleichen Dinge, die einen bewegen, und dieselben Sachen, über die man lachen kann. Es gibt solche Begegnungen, bei denen man ziemlich rasch spürt, dass man sehr viel miteinander anfangen kann. Nicht selten sind dies Menschen mit ganz anderen Lebenserfahrungen, anderer beruflicher Orientierung und anders gelagerten Interessen. Aber oft sind es ja die Unterschiede, die so bereichernd sein können. In einem Fastenseminar habe ich einmal eine Kolumbianerin kennengelernt, die mit einem Deutschen verheiratet und Mutter von drei Söhnen ist. Sie lebt im Ruhrgebiet und ist Polizistin. Ihr Lebensumfeld ist ganz anders als mein eigenes. Dennoch haben wir beide gleich bei den ersten Gesprächen eine Verbundenheit gespürt. Für mich war es sehr bereichernd, wenn sie von ihren beruflichen und familiären Erfahrungen erzählte. Und sie sagte mir dies auch umgekehrt. In vielem waren wir gleicher Meinung, auch wenn wir völlig unterschiedlich geprägt waren. Ich habe die Kolumbianerin bei zwei weiteren Fastenseminaren getroffen und mich immer auf die Begegnungen gefreut. Dies hat mir wieder deutlich gemacht, dass es sich lohnt, jedem

Menschen mit Offenheit zu begegnen, auch wenn er aus einem ganz anderen Umfeld kommt. In der Regel, so ist meine Erfahrung, kann jeder davon nur profitieren. Deshalb sollte man es nicht bei einem „Ich lasse mal von mir hören!" belassen.

Damit dies nicht passiert, können Sie sich selbst ein wenig überlisten, indem Sie sich beispielsweise einen Vermerk im Terminkalender machen oder einen Zettel schreiben, um den geplanten Anruf nicht zu vergessen. Ganz praktisch können Sie dies in einem elektronischen Kalender im Computer oder auf dem Smartphone so einspeichern, dass Sie täglich an den Anruf erinnert werden. So lange, bis Sie dann wirklich den Hörer zur Hand nehmen. Natürlich kann sich nach einem solchen Telefonat herausstellen, dass der Kontakt doch nicht „alltagstauglich" ist. Aber Sie haben es wenigstens versucht und wissen dann, ob die neue Bekanntschaft trägt und über den ersten Kontakt hinaus weiter bestehen kann. Diesen Versuch ist es allemal wert.

## Aufgehoben sein

Menschen sind Gemeinschaftswesen. Schon im Alten Testament steht: „Zwei sind besser als einer allein... Denn wenn sie hinfallen, richtet einer den anderen auf. Doch wehe dem, der allein ist, wenn er hinfällt, ohne dass einer bei ihm ist, der ihn aufrichtet."[11]

In jedem von uns gibt es den Wunsch nach Zugehörigkeit – zu einem Partner, der Familie, zu Freunden, den Bekannten, zum Kollegenkreis. Menschen, die Außenseiter sind, müssen auf den Halt, den dieses Netzwerk uns bietet, verzichten. Wie viel einfacher ist das Leben, wenn man weiß, dass es Menschen gibt, auf die man zählen kann. Das Gefühl, sich gegenseitig zu unterstützen, zu begleiten und aufzurichten, gibt einem eine ungeheure Sicherheit.

Wie wertvoll sind doch die Menschen, denen wir unser Vertrauen schenken können. Wir können ihnen „über den Weg trauen", weil wir wissen, dass wir von ihnen akzeptiert und bei ihnen gut aufgehoben sind. Mit all unseren Ecken und Kanten. Diese Vertrautheit und Geborgenheit ist wie eine Oase, in die wir uns zurückziehen können – in guten wie in schlechten Zeiten. Man ist dort immer willkommen.

Umso wichtiger ist es, denjenigen, die für uns da sind, immer wieder mal ein Zeichen zu geben. Ihnen zu sagen, wie wichtig sie uns sind, und ihnen deutlich zu machen, dass auch wir für sie einstehen. Übrigens müssen die wichtigsten Menschen nicht immer diejenigen sein, die täglich um uns sind. Manchmal können sie auch sehr weit weg wohnen. Alleine die Gewissheit, dass man sich jederzeit melden kann, ist schon Halt genug.

Ich habe eine gute norwegische Freundin, die in den USA lebt. Wir haben uns auf einer Reise nach Kreta vor vielen Jahren kennengelernt. Sehr bald stellte sich heraus, dass wir auf einer Wellenlänge liegen. Wir hatten dieselben Filme gesehen, schätzen dieselben Autoren, lieben lange Strandspaziergänge und teilen viele weitere Interessen. Unser Kontakt ist geprägt von Vertrauen und Offenheit. Wir wissen beide, dass wir uns ohne Bedenken alles anvertrauen können – Probleme, Trauer, Schmerz, aber auch Freude. Diese Freundin lebt seit vielen Jahren mit ihrer Familie in Kalifornien. Auf ihrer Reise nach Kreta lernte sie ihren späteren Mann kennen, einen amerikanischen Anwalt. Ich hatte ihn auch auf Kreta getroffen und nahm an dieser weltumspannenden Liebesgeschichte, die zu einem guten Ende kam, damals regen Anteil. Wenn wir Glück haben, sehen diese Freundin und ich uns einmal pro Jahr, manchmal aber auch seltener. Aber die Häufigkeit der Treffen ist nicht unbedingt wichtig, denn wir wissen voneinander, dass wir immer verbunden sind. Manchmal kommt eine kurze Mail: „Hallo, wie geht's dir. Habe gerade an dich gedacht!" Nur diese wenigen Worte. Aber sie sind ausreichend, um mir ein Zeichen zu geben, dass sie für mich da ist.

Wenige Worte, große Wirkung. Das zeigt mir, dass man öfter mal denjenigen, die einem wichtig sind, ein kleines Zeichen geben sollte. Als der Vater meiner norwegischen

Freundin ernsthaft erkrankte und sie zu ihm in die Heimat flog, habe ich versucht, ihr meine Anteilnahme durch ein paar regelmäßige Zeilen zu zeigen. Ich konnte nicht bei ihr sein, aber etwas schreiben konnte ich schon. Im Ablauf des Alltags ist ein Signal „Ich denke an dich" ein kleiner Höhepunkt, über den man sich riesig freuen kann. Denn dieses Zeichen zeigt einem ja die Wertschätzung, die man bei anderen genießt. Es bedarf eben nicht immer eines großen Zeitaufwands, sich um andere zu kümmern. Es sind nicht immer die aufwändigen Besuche oder die langen Telefonate, die nötig sind. Man muss nur achtsam sein – auf die anderen acht-geben.

Wer anderen Zeit und „Ohr" schenkt, wird schnell merken, dass er seinerseits mit der gleichen Aufmerksamkeit beschenkt werden wird. Denn es gibt Situationen, da braucht man die anderen, deren Anstöße, deren Impulse und ihren Zuspruch. Es ist eben immer ein Geben und Nehmen.

## Freundschaften – Ein echter Lebenswert

Daran erkenne ich den Freund, dass er mich oder sich nicht unterhalten, sondern bloß dasitzen will." Dieses Zitat des Dichters Jean Paul (1763-1825) beschreibt punktgenau, was Freundschaft ausmacht. Enge Freundschaften erkennt man auch daran, dass man miteinander schweigen kann und sich nicht zu ständiger Konversation verpflichtet fühlt. Wenn man still genießt. Beispielsweise nebeneinander in der Natur auf einer Bank sitzt, die Landschaft betrachtet und spürt, der andere freut sich genauso daran wie man selbst. Und dies muss man nicht in Worte fassen. Man weiß es eben.

Manchmal kann man gar nicht genau definieren, wie eine Freundschaft entstanden ist und was sie ausmacht. Es gibt eben Gemeinsamkeiten und Anziehungspunkte, die es ermöglichen, dass man Kontakt hält.

Manchmal entwickelt sich eine Freundschaft auch ganz überraschend. Wenn man zum Beispiel von einem Menschen, von dem man dies gar nicht erwartet hätte, in schwierigen Zeiten Zuspruch erfahren hat. Dann spürt man, dass man sich auf diesen Menschen verlassen kann, weil er einen getragen hat. Weil er treu war. Dazu habe ich neulich eine schöne Geschichte gelesen:

Ein kleiner Junge musste operiert werden. Sein Vater brachte ihn ins Krankenhaus. Alles ging sehr schnell. Der Junge kam sofort in den OP. „Vater, ich habe keine Angst, wenn du bei mir bleibst", sagte der Junge. Der Vater bekam die Erlaubnis, bei seinem Sohn zu bleiben. Als dieser die Narkose erhalten hatte, sagte der Arzt zum Vater: „Sie können jetzt gehen, Ihr Sohn schläft." „Nein", sagte der Vater, „ich habe ihm versprochen, bei ihm zu bleiben, damit er keine Angst zu haben braucht." Als der Junge aufwachte, hielt der Vater seine Hand. „Du bist da", sagte der Junge, und schlief beruhigt wieder ein.[12]

Treue bedeutet eben, für den anderen da zu sein, auch wenn er es nicht unmittelbar merkt. Insofern ist Treue ein wesentlicher Bestandteil der Freundschaft.

Freunde sind notwendig im Leben, sonst kreist man nur um sich selbst. Freundschaften können aber nicht nur aus sonnigen Zeiten bestehen und ständig absolut top sein. Das wäre unrealistisch. An Freunden muss man sich auch reiben können, ihnen Eigenheiten und Schwächen zugestehen. Schließlich ist man selbst ja auch nicht perfekt. So wie man von den Freunden erwartet, dass sie uns mit allen Ecken und Kanten akzeptieren, muss man dies umgekehrt natürlich genauso. Wenn es einmal knistert oder kracht, zeigt sich, ob die Freundschaft der Bewährungsprobe standhält. Freunde müssen gegenseitig auch ehrliche Kritik ertragen können.

Manchmal, so ist meine Erfahrung, muss man allerdings auch loslassen können. Dann zum Beispiel, wenn man merkt, dass man sich im Leben in unterschiedliche Richtungen bewegt und allmählich immer weniger Gemeinsamkeiten hat. Man spürt in solchen Fällen irgendwann, dass man den Kontakt nur noch aus Pflichtgefühl aufrechterhält. Dann heißt es achtsam sein und beobachten, ob man sich noch etwas zu sagen hat.

Es gibt Menschen, die in bestimmten Lebensabschnitten wichtig sind, sich aber dann ganz anders entwickeln als man selbst. Dann ist es unter Umständen nicht sinnvoll, krampfhaft an dieser Beziehung festzuhalten. Ehrlicher ist es in solchen Fällen, offen mit der Freundin oder dem Freund zu reden und den Kontakt einfach lockerer zu gestalten. Oder ganz zu beenden, aber „in aller Freundschaft". Denn die Zeit mit diesem Menschen war zu wertvoll, um im Groll auseinanderzugehen.

„Freunde sind nahe, auch wenn sie getrennt sind. Sie sind hilfsbereit, auch wenn sie krank sind. Ja, was unmöglich zu sein scheint, sie leben auch, wenn sie schon gestorben sind."

Marcus Tullius Cicero (106–43 v. Chr.)

# In der Ruhe liegt die Kraft

# Durchatmen –
## Momente und Orte zum Abtauchen

Nicht weit von meinem Zuhause gibt es eine Bank am Waldrand. Sie ist mein Ort zum Abtauchen, wenn ich zwischen der Arbeit oder am Abend einmal tief Atem holen möchte. Diese Bank ist den ganzen Tag sonnenbeschienen. Wenn ich darauf sitze, habe ich den Wald im Rücken und Felder vor mir, die am Ende von Bäumen gesäumt sind. Der Blick kann weit schweifen. Grün, wohin ich schaue. Im Jahreslauf kann ich hier beobachten, wie das Korn nach der Saat allmählich wächst und die Ähren in die Höhe streben, bis die Erntezeit kommt. In zehn Minuten kann ich bei dieser Bank sein. Es ist also kein langer Weg, aber diese zehn Minuten führen mich in eine andere Welt.

Viele Menschen stehen heute unter Stress und Anspannung. Sie müssen zahlreichen Anforderungen gerecht werden, im Beruf, in der Partnerschaft, in der Kindererziehung. Für viele stellt der Alltag bereits eine Herausforderung dar, und manche sind darin so gefangen, dass sie sich auch in der Freizeit unter Druck setzen. Sie haben keine Balance zwischen An- und Entspannung, sondern stellen sich beispielsweise ein anspruchsvolles „Freizeit"-Programm zusammen und haben auch außerhalb ihrer beruflichen Verpflichtungen einen übervollen Terminkalender, der keine Zeit zum Durchatmen lässt. Diese Herausforderungen mögen im Einzelfall eine brauchbare

Alternative zum Alltag sein, aber manchmal sind sie auch Zeichen dafür, dass es die betreffenden Menschen verlernt haben, zu entspannen und Stille und Einsamkeit zu genießen.

## Jeder Mensch braucht „Andersorte"

Wir alle brauchen immer wieder einmal Abstand vom Alltag. Das heißt, eine gewisse Distanz zu unseren täglichen Anforderungen. Es ist daher wichtig, hin und wieder seine gewohnte Umgebung zu verlassen, um tatsächlich auch räumlichen Abstand gewinnen zu können. Um wegzukommen aus seinem Alltagsambiente, muss man nicht viele Kilometer hinter sich bringen. Manchmal genügt nur eine kurze Wegstrecke, um sich an einen Ort zu begeben, der einem etwas völlig anderes bietet als die tägliche Umgebung. Ich nenne diese Orte „Andersorte".

„Andersorte" sind Plätze, an denen man einen anderen Stand-punkt hat, es sind Orte, die andere Blickwinkel ermöglichen. Man ist dort nicht eingekapselt in die Räume, in denen man sich täglich aufhält. Dadurch bekommt man neue Perspektiven, kann Dinge anders betrachten und sie unter anderen Gesichtspunkten bewerten.

„Andersorte" bieten die Chance, etwas anderes erleben zu können als im Alltag. Dort kann man auch einmal anders sein als sonst. Freier, ohne Anforderungen, ohne Zwänge, ohne Druck, ohne Beobachtung. Einfach so sein, wie man es in diesem Moment möchte.

„Andersorte" sind Orte zum Wohlfühlen und Durchatmen, die Unentdecktes in einem zum Klingen bringen. Jeder von uns muss immer wieder einmal aus seinem gewohnten Rhythmus, seinen eingefahrenen Verhaltensweisen, seinen festgeklopften Wertmaßstäben und seinen immer gleichen Denkschemata ausbrechen, damit etwas Neues entstehen und sich Festgefahrenes lösen kann. „Ein Problem kannst du erst durchschauen, wenn du es von verschiedenen Seiten betrachtest. Ein unverrückbarer Beobachtungspunkt verstellt oft den Blick auf wichtige Wahrnehmungen."[13]

Zu den schönsten „Andersorten" gehören solche mit Aussicht. Wer schon einmal auf einer Anhöhe oder gar auf einem Berggipfel stand, weiß, wie faszinierend es ist, den Blick in die Weite schweifen zu lassen. Der Rundblick hilft uns, nicht eingeengt zu sein und engstirnig zu werden. Und er macht einem deutlich, dass man selbst eigentlich nur ein winziger Punkt in der Natur ist. Dies hilft sehr, sich selbst nicht immer so wichtig zu nehmen. Die eigenen Probleme verlieren aus der Entfernung ihre übermächtige Bedeutung. Alles relativiert sich auf einmal, und durch die Distanz wird der Blick frei für neue Lösungsmöglichkeiten und andere Ansätze.

Die Kombination aus Natur, Stille und Bewegung hilft, den eigenen Rhythmus zu finden und in Balance zu kommen. In der Natur findet man viele Orte, an denen man Kraft tanken kann. Neben den Gipfeln und Aussichtplätzen sind es beispielsweise auch einsame Inseln, auf die man sich zurückziehen kann. Dabei ist die Insel nicht nur als tatsächliches Eiland, sondern im übertragenen Sinne auch als Ort irgendwo auf dem Festland zu verstehen, an dem man Ruhe und Frieden findet. Auch Seen und Flüsse sind bewährte „Andersorte". Mit dem Strom können die Gedanken dahinfließen, und man kann sich treiben lassen. Hildegard von Bingen hat den Begriff der „veriditas", der „Grünkraft", geprägt. Die Grünkraft der Natur ist Balsam für Körper, Geist und Seele.

Als „Andersorte" bewähren sich die Plätze, die einen Gegensatz zum Alltag bieten. Wer viel sitzt, sollte einen Ort finden, an dem er sich viel bewegen kann. Wer ständig unterwegs ist, sollte einen Ruheplatz finden und sich der Stille stellen.

Nicht immer muss der „Andersort" außerhalb der gewohnten Umgebung sein. Wer die Möglichkeit hat, sich zu Hause eine Nische oder gar einen Raum mit ganz persönlichen Gegenständen als Rückzugsort so zu gestalten, dass er sich dort wohlfühlt und in Ruhe gelassen wird, kann auch an einem solchen Platz Abstand vom Alltag finden. Jeder muss für sich selbst den geeigneten „Andersort" finden.

Wer seinem Partner, einer Freundin oder einem Freund einmal eine besondere Freude machen will, kann sie oder ihn mit einem Ausflug an einen „Andersort" überraschen. Das Ziel muss beileibe nicht in weite Ferne führen, manchmal reicht sogar ein Ausflug zu Fuß, zu einer Eisdiele, einem Café oder Restaurant. Ein solcher Ortswechsel kann sich übrigens auch auszahlen, wenn man gemeinsame Probleme hat. In einer anderen Umgebung kommt man im Gespräch auf neue Gedanken und kann manches unbelasteter und in Ruhe klären. „Andersorte" fördern den achtsamen Umgang miteinander.

## Momente zum Abtauchen

Stunden oder Momente zum Abtauchen, um den Kopf wieder frei zu kriegen, kann man sich ohne Weiteres im Alltag einbauen. Jeder hat seine speziellen Vorlieben. Manche von uns lieben es, dem Körper etwas Gutes zu tun. Wer dies bevorzugt, sollte sich regelmäßig ein paar Stunden für die Sauna reservieren. Auch eine schöne Massage oder eine Beauty-Anwendung tut dem Körper gut und ist Balsam für die Seele. Wenigstens einmal pro Monat sollte man sich solche Wohlfühlstunden fest im Terminplan verankern. Schön ist es natürlich, wenn man sich dafür wöchentlich einige Stunden Zeit nehmen kann.

Auch eine Wanderung, eine Nordic-Walking-Runde oder ein kleinerer Spaziergang lassen sich in der Regel gut im Wochenplan unterbringen. Die Unternehmungen an der frischen Luft machen den Kopf frei und unterstützen das körperliche Wohlbefinden.

## Oasen für die Seele

Für diejenigen, die sich die Zeit nehmen können und über entsprechende körperliche Konstitution verfügen, ist das Wandern auf Pilgerpfaden ein bereicherndes spirituelles Erlebnis. Inzwischen gibt es viele solcher ausgewiesenen Wege im deutschsprachigen Raum. Dort, auf den Spuren unserer Vorväter, fühlt man sich mit der Geschichte verbunden. Schon vor Jahrhunderten haben Menschen die gleichen Pfade beschritten. Dies sind Wege, auf denen man Gleichgesinnten begegnen und zu sich selbst finden kann. In der Ruhe und mit gleichmäßigem Schritt bekommt man auf den Wanderungen wieder Bodenhaftung.

Es ist schön, wenn man einen Pilgerort als Ziel im Auge hat. Aber – wie schon gesagt – nicht immer muss es die große Entfernung sein. Auch ein Spaziergang durch unberührte Landschaft in der Nähe kann den gleichen Effekt haben. Schließlich ist der Weg das Ziel, und Wege abseits der ausgetretenen Pfade gibt es überall – wenn man die Augen offen hält. So kann man das Staunen nicht verlernen und in der Ruhe gelassener werden.

*„Genieße es, einmal nichts tun zu müssen, nicht gefragt zu sein, nicht für anderes und andere da sein zu müssen. Nimm dir dabei Zeit für dich, verweile bei dir, statt im Funktionieren immer wieder und immer mehr dich von dir selbst, deinem Selbst zu entfremden."*
*Wunibald Müller (geb. 1950)* [14]

# Schweigen können – Die Stille als Kraftquelle

An meinen ersten Schweigekurs erinnere ich mich noch sehr genau. Er fand in einer Benediktinerabtei in Franken statt. In einer Gruppe von rund 25 Personen trafen wir uns dort an einem Aschermittwoch, um gemeinsam zu fasten und – zu schweigen. Ich hatte schon von Kollegen, die seit vielen Jahren an Schweigekursen teilnahmen, gehört, wie bereichernd sie es empfanden, einmal völlig in die Stille eintauchen zu können.

Das Fasten bereitete mir in dieser abgeschlossenen Welt außerhalb meines gewohnten Umfelds keine Probleme. Ich hatte darin Erfahrung und wusste, was auf mich zukam, wie ich kleine Schwierigkeiten in den ersten Tagen meistern konnte. Etwas mulmig wurde es mir jedoch bei dem Gedanken, die Tage mit mir unbekannten Menschen im Schweigen zu verbringen. Das stellte für mich die eigentliche Herausforderung dar.

Und in der Tat, auf Worte zu verzichten, war eine viel größere Anforderung als der Verzicht auf feste Nahrung. Wir waren eine homogene Gruppe. Die jüngste Teilnehmerin war etwa Mitte 20, der älteste rund 70 Jahre alt. Beim ersten Treffen hatten wir uns kurz vorgestellt, ab dann war Schweigen angesagt. Im Speisesaal saßen wir an mehreren runden Tischen und gaben uns gegenseitig Zeichen, wenn wir um eine Tasse Tee bitten wollten. Wir verteilten uns im Meditationsraum und verständigten uns per Blickkontakt, wenn wir eine Decke oder ein Sitzkissen benötigten. Ich kann mich an eine Teilnehmerin erinnern, die ich besonders interessant fand. Ihre Ausstrahlung war sympathisch. Wir saßen uns im Meditationsraum gegenüber. Auf den Fluren oder im Klostergelände warfen wir uns ein scheues Lächeln zu, wenn wir uns begegneten. Die Zusammenkünfte mit den Mitschweigern weckten am Anfang irgendwie unangenehme Gefühle. Daher war es mir in den ersten Tagen wohler, wenn ich alleine sein konnte. Das änderte sich aber relativ rasch. Allmählich spürte ich, wie ich die Situation zunehmend als wohltuend empfand. Meinerseits keine Konversation machen und mir auch nichts anhören zu „müssen", war eigentlich erleichternd.

In unserer Kommunikationsgesellschaft ist Schweigen ein schwieriges Unterfangen, da die Menschen oft an der Fülle ihrer Worte gemessen werden. Wer viel zu sagen hat, muss wichtig sein. Wer wenig sagt, hat auch nichts Bedeutendes mitzuteilen. So sind vielfach die Bewertungskategorien. Doch weit gefehlt.

Reden können wir in der Regel auf Knopfdruck, schweigen dagegen nicht. Denn das Schweigen kann Reaktionen hervorrufen, denen wir uns oft nicht stellen möchten. Geist, Seele und Körper geben Signale, die wir bislang möglicherweise ignorierten: Es steigen Gedanken hoch, die uns beschäftigen, vielleicht schon eine ganze Weile, und denen wir jetzt nicht mehr ausweichen können. Es melden sich Probleme, die wir mit uns herumschleppen und die unsere Seele belasten. Und es zeigt sich Unruhe im Körper, ein fast nicht zu bändigender Bewegungs-drang, weil wir uns nicht durch Worte und Beschäftigung mit allen möglichen Dingen ablenken können.

Wer die Stille sucht, muss sich diesen Reaktionen stellen. Stille auszuhalten kostet Kraft, besonders, wenn man damit keine Erfahrung hat. Aber ich kann nur Stille finden, wenn ich mich dem, was in mir brodelt und drängt, stelle, wenn ich es anhöre und betrachte, akzeptiere und ablege.

Stille bedeutet Konzentration auf mich selbst. Dies kommt einer inneren Betrachtung gleich und hat nichts mit Egozentrik zu tun. Wer dies aushält und sich in sein Inneres versenkt, wird mit der Zeit eine Sehnsucht nach Stille entwickeln.

„Ich genieße die Stille, wenn ich aus dem Büro komme und noch eine halbe Stunde Zeit habe, bevor die Kinder daheim sind", erzählte mir eine Bekannte, die halbtags berufstätig ist und drei schulpflichtige Kinder hat. „Diese halbe Stunde habe ich nur für mich. Dann setze ich mich mit einer Tasse Kaffee hin, atme tief durch und schließe die Augen. Ich lasse mich durch nichts stören und ablen-ken, hänge meinen Gedanken nach und sauge die Stille in mich ein. Wenn die Kinder dann kommen, freue ich mich. Dann bin ich bereit für die Aufgaben, die in den nächsten Stunden auf mich warten."

Sehr bildhaft beschreibt diese Bekannte, weshalb die Stille wichtig ist. Sie ist die Kraftquelle, die wir alle brau-chen. Sie gibt uns die Chance, innezuhalten im Alltag, in uns hineinzuhorchen. Die Bremse zu ziehen und darüber nachzudenken, ob alles noch im Lot ist. Ob unser Leben noch in der gewünschten Richtung verläuft. Oder ob wir vielleicht etwas korrigieren sollten. In der Stille können wir uns selbst auch genauer ins Visier nehmen und überprüfen, ob wir achtsam genug mit uns umgehen oder vielleicht doch zu viel fordern. Denn nur, wenn wir auf uns selbst achten, gelingt auch ein achtsamer Umgang mit anderen Menschen.

Kürzlich kam ich von einer dreitägigen Tagung zurück, auf der wir uns über diverse Themen ausgetauscht und vieles diskutiert hatten. Bei den Mahlzeiten und den Treffen am Abend fanden natürlich auch anregende Gespräche statt. Als ich mich auf den Weg nach Hause machte, hatte ich einerseits das Gefühl, von neuen Impulsen und Anregungen erfüllt zu sein, andererseits schien mein Kopf mit Worten überfüllt. Ich brauchte danach einfach eine Zeit des Schweigens. Ich denke, jeder von uns hat diese Erfahrung schon gemacht.

Manch einer wird sagen: Ich habe so viel Stress. Ich habe gar keine Zeit, mich einmal still in eine Ecke zu setzen. Aber manchmal reicht es, einfach nur für fünf Minuten die Stille wahrzunehmen, tief einzuatmen und die Augen zu schließen. Natürlich kommen Gedanken dabei hoch, schließlich ist der Kopf nicht leer. Aber die Gedanken sollte man in diesem Moment kurz anschauen und wegschieben. So gerät man nicht in Gefahr, ihnen überdimensionale Bedeutung beizumessen. Im Gegenteil, der Kopf wird frei für neue Aspekte, neue Betrachtungsweisen und Lösungsansätze. Es ist erstaunlich, auf welche neuen Ideen man in solchen Momenten manchmal kommt. Und wie ein vermeintlich unlösbares Problem dann doch in den Griff zu kriegen ist. Die Stille gibt den Gedanken die Chance, die Richtung zu wechseln.

Menschen, die in der Öffentlichkeit stehen, suchen vor ihren Auftritten oft die Stille, um sich auf die vor ihnen liegende Anforderung vorzubereiten – Künstler, Sportler, Vortragsredner zum Beispiel. Sicher hat jeder von uns schon einmal beobachtet, wie sich ein Spitzensportler vor dem Wettkampf sammelte, die Augen schloss, sich konzentrierte, tief ein- und ausatmete, um dann voller Elan durchzustarten.

Vor einer besonderen Herausforderung ist der innere Raum der Stille ein enormer Kraftspeicher, der einem quasi Flügel verleiht.

Diese Erfahrungen machen wir natürlich nicht erst heute. Schon die Wüstenväter zogen sich ab dem dritten Jahrhundert vor wichtigen Ereignissen und Entscheidungen in die Einöde zurück. Sie lebten dort in einfachen Behausungen, dem Kellion, das meist nur aus einem Raum bestand. Dort die Stunden und Tage auszuharren war eine wichtige spirituelle Übung. Diese sogenannten Altväter wollten durch Beten und Fasten in der Abgeschiedenheit zu sich selbst und zu Gott finden und durch ihre Askese im übertragenen Sinne mehr Licht in die Welt bringen. Die Wüstenväter waren als Ratgeber sehr gefragt.

Ein Beispiel aus jüngerer Zeit ist Mahatma Gandhi (1869 – 1948), der sich in schwierigen Situationen zurückzog und fastete und dadurch sogar politische Entscheidungen beeinflusste.

Die Wüste ist ein traditioneller Ort des Rückzugs in die Stille. Aber man muss sich nicht auf die Reise nach Ägypten begeben, um eine Oase in der kargen Einöde zu finden. Manche Menschen können sich auch in einem quirligen Umfeld in ihren inneren Raum der Stille zurückziehen. Sie schließen einfach in der U-Bahn, im Zug oder im Büro die Augen und beamen sich sozusagen in ihre innere Oase. Sie haben sich quasi ein Depot an Stille angelegt, auf das sie bei Bedarf zurückgreifen können. Dazu gehört aber Übung. Und nicht jeder beherrscht die Methode, sich innerlich abzuschotten.

Daher sollte man sich einen Ort der Stille suchen, den man zu festen Zeiten oder bei Bedarf aufsuchen kann. Der Weg dorthin sollte aber nicht zu weit sein. Für viele von uns kann sich ein solcher Rückzugsort in den eigenen vier Wänden befinden. Eine Nische, ein bequemer Sessel, im besten Fall sogar ein eigener Raum – jedenfalls ein Platz, an dem man sich wohlfühlt und seine Ruhe hat. Zum Wohlfühlen gehört auch, dass dieser Ort der Stille mit ein paar persönlichen Gegenständen ausgestattet wird, die einem besonders gefallen. Schließlich möchte man sich dort ja zu Hause fühlen.

Mein Ort der Stille ist ein bequemer Sessel vor einem großen Fenster. Von dort aus kann ich über die Baumwipfel weit in die Natur hinausschauen. Neben dem Sessel steht ein kleiner Tisch mit zwei Gegenständen: einer Kerze und einer blühenden Pflanze, manchmal ist es auch ein Blumenstrauß. Ich brauche Blumen um mich herum, am liebsten in kräftigen Farben. Sie sind für mich ein

Symbol für das Wachsen und Vergehen in der Natur. Deshalb müssen es auch immer echte Pflanzen sein. Wenn ich mich an diesen Platz zurückziehe, weiß meine Familie, dass ich eine Weile in Ruhe gelassen und für mich sein möchte. Das war ein Lernprozess für beide Seiten. Ich musste mich erst einmal darin üben, mir diese Zeit der Stille wirklich zu gönnen und mich durch nichts ablenken zu lassen. Meine Familie musste akzeptieren lernen, dass ich hin und wieder einen Rückzugsort brauche, an dem ich nicht gestört sein will. Übrigens bin ich nun nicht mehr die Einzige in der Familie, die ein solches Plätzchen im Haus hat.

Wer in den eigenen vier Wänden keine solche Nische hat, kann sich einen anderen Ort suchen. Eine Bank am Waldrand oder im Park, eine Stelle am Fluss, eine Wiese – die Natur bietet zahlreiche Möglichkeiten. Wer eine Kirche in der Nähe hat, kann auch dort für eine Weile Einkehr halten. Für mich sind Klöster wichtige Orte der Stille. Oft habe ich schon beim Betreten der Klosterpforte das Gefühl, die Hektik des Alltags vor der Tür zu lassen. Und einen herrlichen Ort der Stille habe ich in der Unterkirche einer oberbayerischen Benediktinerabtei gefunden. Dort gibt es eine Nische hinter Butzenscheiben mit einer kleinen Bank. Bei Sonnenschein fallen die Strahlen ein und wärmen diesen verborgenen Platz.

Ab und zu „gönne" ich mir auch Schweigetage im Kloster. Was mir in den Anfangstagen meines ersten Schweigekurses Unbehagen bereitete, löst heute Freude in mir aus.

Klöster sind natürlich prädestiniert für die innere Einkehr. Doch wer die Stille wirklich sucht, findet sie auch an hektischen Plätzen. An Flughäfen gibt es beispielsweise Gebetsräume, und im Zug kann man sich mit Ohrstöpseln von der Außenwelt abschotten.

Aber die Stille kommt aus einem selbst. Wo die Umwelt schweigt, setzen die inneren Stimmen ein. Wenn es im Inneren rumort, nutzt einem ein Ort der äußeren Stille nur bedingt etwas. Er ist eine wichtige Voraussetzung dafür, dass man die innere Stille findet, aber den Weg dorthin muss man selbst beschreiten. Aus Frankreich ist eine alte Mönchsregel überliefert, die besagt: „Garde la silence et la silence te gardera" – „Schütze die Stille und die Stille wird dich beschützen." Stille kommt von „stehen bleiben". Wer die Stille sucht, muss innehalten, denn wer nur in Eile ist und davonrennt, wird keine Stille finden.

In der Stille kann man nicht nur in sich hineinhorchen, sondern herrliche Phantasiereisen unternehmen. Man kann sich gedanklich an den Ort seiner Träume versetzen und so einen kleinen Abstand vom Alltag gewinnen. Man kann noch einmal einen netten Abend mit Freunden Revue passieren lassen oder andere schöne Momente nacherleben.

Stille ist eine Kostbarkeit, die man mit Geld nicht erwerben kann. Stille heißt auch, leer zu werden, um Neues aufnehmen zu können. So birgt das Schweigen auch immer die Chance eines Neuanfangs.

„*Eremitenzellen gibt's nicht bloß in Waldeinsamkeit.
Allerorts können wir uns eine Zelle bauen – ich
meine, indem wir die Welt wahrhaft von innen
heraus verlassen, aus uns entfernen all ihren wüsten
Lärm, ihre zerstreuenden Sorgen und Geschäfte.*"

*Garcia de Cisneros (ca. 1455–1510)*

# Weniger ist mehr – Worte mit Bedacht wählen

Hin und wieder bekomme ich einen Anruf von einer alleinstehenden Bekannten. Nach der Begrüßung fragt sie mich meist, wie es mir geht, wartet aber nicht meine Antwort ab, sondern beginnt sofort, von sich selbst zu erzählen. Von ihren tollen Unternehmungen, ihren abwechslungsreichen Reisen, ihrem interessanten Bekanntenkreis. Wenn ich etwas einwerfen will oder zu erzählen beginne, was ich am Wochenende gemacht habe, werde ich meist durch einen Redeschwall unterbrochen. Sie gibt mir kaum die Chance, selbst etwas zu der Konversation beizutragen. Ich werde mit Worten quasi zugemüllt und verstumme nach relativ kurzer Zeit. Diese Telefonate sind sehr anstrengend. Am Ende bin ich müde von der Flut der Worte, die auf mich einströmen. Und ich bin frustriert, weil ich mich selbst nicht einbringen konnte. Denn ich stelle immer wieder fest, dass diese Bekannte sich im Grunde nicht für mich interessiert, sondern nur selbst reden möchte.

Ich habe lange versucht, Verständnis für sie aufzubringen, denn ich weiß ja, dass sie alleine lebt und wenige Kontakte hat. Deshalb dachte ich mir immer: „Sie braucht auch mal jemanden, der ihr zuhört. Sie hat ja keinen Partner, bei dem sie sich aussprechen kann." Mehrfach bat ich sie dann, mich bei unseren Telefonaten ausreden zu lassen. Ohne Erfolg. Dann sprach ich sie ganz konkret auf meine Schwierigkeiten mit ihrer Kommunikationsweise an. Die Bekannte war zunächst völlig perplex und dann beleidigt. Sie konnte meine Kritik erst nach vielen Gesprächen akzeptieren.

Gespräche müssen immer ein Austausch von Argumenten sein. Worte können ungeheuer viel bewirken. Sie können verletzender sein als Schläge, mehr Freude bereiten als das teuerste Geschenk und mehr Selbstvertrauen geben als die beste Prüfungsnote.

Worte verwehen nicht im Wind, sondern haben Auswirkungen. „Es ist bewegend, wenn Geschwister oder Eltern und Kinder, wenn gute Freunde sich im Rückblick auf die gemeinsame Geschichte liebevolle Worte sagen … Dabei geht es nicht um rührselige Szenen. Es geht um die Wahrheit: Freundliches zu sagen, Dinge barmherzig zurechtzurücken", schrieb die Theologin Susanne Breit-Kessler.[15]

Mit Worten drücken wir unsere Zuneigung, unsere Freundschaft, unsere Liebe aus. Worte können Menschen zusammenführen, aber auch auseinanderbringen. Manchmal ist der Kontakt dann für immer unterbrochen. Die Verletzungen, die durch Worte entstanden sind, bleiben für ein ganzes Leben. Hin und wieder aber führt ein schwerer Schicksalsschlag oder eine unheilbare Krankheit diese Menschen wieder zusammen. „Manchmal frage ich mich, warum Menschen ein Leben lang warten, um erst im Schatten des Todes wieder miteinander zu sprechen, um ehrlich und konstruktiv, manchmal aber auch nur liebevoll miteinander umzugehen", stellt Susanne Breit-Kessler fest.[15] Wenn diese letzte Chance verpasst wird, ist es bitter. Manche Menschen tragen den Schmerz, nicht zur rechten Zeit ein Wort der Wiedergutmachung und des Versöhnens ausgesprochen zu haben, ein Leben lang mit sich herum. Das zeigt, wie wichtig es ist, frühzeitig aufeinander zuzugehen.

Worte können Tatsachen verwischen, aber auch Zusammenhänge klären. Deshalb ist der Spruch des „rechten Worts zur richtigen Zeit" so zutreffend. Wenn es jemandem schlecht geht, er Sorgen mit sich herumträgt oder krank ist, können Worte, die nicht nur ans Ohr dringen, sondern die Seele berühren, heilsamer sein als die beste Medizin.

Warum nur verwenden wir so oft die falschen Worte oder zu viele? Warum sagen wir manchmal, wenn es nötig wäre, gar nichts? Warum verstehen wir hin und wieder Worte falsch, die ganz anders gemeint waren? „Die meisten Menschen nehmen die leisen Töne des Herzens nicht mehr wahr, weil die äußere Welt zu laut ist. Sensibel zu werden für die leisen Stimmen erfordert viel Achtsamkeit", beobachtete der Benediktinermönch Johannes Pausch.[16]

Wir leben in einer Kommunikationsgesellschaft, in der manchmal der Eindruck entsteht, wer viele Worte mache, habe auch inhaltlich viel zu sagen. Echte Kommunikation entsteht aber beileibe nicht durch eine Inflation an Gesagtem. Die Anzahl der Worte ist eben nicht entscheidend für die Bedeutung dessen, was man zu sagen hat. Small Talk ist keine dauerhafte Basis für eine befriedigende Kommunikation. Er kann eine Situation überbrücken, wird aber rasch langweilig. Weil er zu unbedeutend (small) ist. Ob ein Gespräch in die Tiefe geht, merkt man nicht nur an den Worten, sondern auch an der Körperhaltung der Gesprächspartner. Ist viel Gestik und Mimik im Spiel, bringen die Menschen sich voll ins Gespräch ein. Ein aufmerksamer, auf das Gegenüber gerichteter Blick zeigt zudem, dass man sich auf den anderen einlässt und ihn ernst nimmt.

## Schnelles Urteilen vermeiden

Worte können richten. Auch aus diesem Grund ist es wesentlich, seine Worte zu überdenken und die eigenen Handlungen zu reflektieren, bevor man sich über andere äußert. Das Schweigen ist der Weg, den eigenen Schwächen zu begegnen, und es verhindert das ständige Bewerten, Beurteilen und Verurteilen der anderen.

Deshalb ist es klug, das eigene Reden zu überwachen und seine Worte abzuwägen. Dann merkt man sehr schnell, ob man häufig Floskeln verwendet. Wichtig ist es auch, sich immer wieder einmal zu fragen, ob man hinter dem steht, was man sagt. Ob das eigene Handeln mit den Worten übereinstimmt oder man vielleicht in manchen Situationen jemandem nur „nach dem Mund redet". Damit ist nämlich niemandem gedient. Denn oft ist doch gerade der sachliche Austausch unterschiedlicher Positionen sehr bereichernd. Eine andere Sichtweise, neue Argumente können den eigenen Blickwinkel erweitern und das Urteilsvermögen schärfen. Das ist doch allemal interessanter als stures Zustimmen.

Manchmal lohnt es sich, sich nach einem längeren Gespräch einmal Notizen über die Quintessenz zu machen. Da wird man hin und wieder feststellen, dass das Resultat doch recht dünn ist. Noch interessanter ist es, wenn man beispielsweise einmal seine eigenen Worte während eines längeren Telefonats aufzeichnet. Dann wird man möglicherweise erstaunt sein, wie viele „Wortfüller" man so einsetzt, um ein Gespräch am Laufen zu halten. Wenn alles gesagt ist, muss Schluss sein mit dem Geplaudere. Dann müssen den Worten nach dem Telefonat Taten folgen.

## Hin und wieder zu Papier und Stift greifen

Persönliche Briefe zu schreiben ist aus der Mode gekommen. Wir reden so viel, saber wenn es darum geht, Gedanken und Gefühle in ausführliche Worte zu fassen, fühlt sich manch einer überfordert. Zunehmend reduziert sich die Kommunikation auf kurze, knappe Infos per SMS oder E-Mails. Gelegentlich sind sie nicht einmal persönlich an einzelne gerichtet, sondern werden auf Twitter, in Blogs oder sozialen Netzwerken vielen gleichzeitig zugänglich gemacht. Elektronisch verbreiteter Small Talk sozusagen. Natürlich kann man auch eine persönliche und sehr differenzierte E-Mail schreiben. Aber manchmal ist ein handgeschriebener Brief doch die menschlich anregendere Form des Gedankenaustauschs.

Wir haben zu Hause ein Gästebuch, in das alle Übernachtungsgäste etwas zeichnen oder schreiben können.

Viele machen dies mit Freude, aber es ist auch immer wieder interessant, welche Herausforderung das für den ein oder anderen darstellt. Für uns ist dieses Buch sehr wertvoll, weil wir immer wieder einmal darin blättern können und uns an die schönen Tage erinnern, die wir mit unseren Gästen verbracht haben. Besonders amüsant sind die Kinderzeichnungen in diesem Buch. Über die Jahre sind aus diesen Kindern Erwachsene geworden, und manche von ihnen haben sich in diesem Gästebuch mehrfach verewigt. Nicht nur uns macht es Spaß nachzulesen, welche Notizen und Zeichnungen sie über die Jahre hinterlassen haben, sondern sie selbst blättern immer wieder gerne in diesem Buch, um sich zu erinnern.

Bleibende Erinnerungen. Auch Briefe gehören dazu. Schriftlich Worte zu wechseln gehörte früher zur Freundschaft. Heute machen sich nur noch wenige Menschen diese Mühe. Deshalb sind Briefe heutzutage besonders wertvoll. Sie sind ein bleibender Ausdruck der Verbundenheit, da man sie immer wieder zur Hand nehmen und lesen kann. Der französische Philosoph Voltaire (1694–1778) hat dies folgendermaßen beschrieben: „Die Post ist die Trösterin des Lebens, denn sie verwandelt Abwesende in Gegenwärtige."

„Merkwürdig ist es schon", sagt sich der Krieger des Lichts. „Warum treffe ich bloß so viele Menschen, die sich bei der erstbesten Gelegenheit von ihrer schlechtesten Seite zeigen? Sie verbergen ihre innere Kraft hinter Aggressivität, ihre Angst vor der Einsamkeit hinter der Maske der Unabhängigkeit. Sie glauben nicht an ihre eigenen Fähigkeiten und vertun doch ihre Zeit damit, ihre Vorzüge in alle vier Himmelsrichtungen hinauszuposaunen." Der Krieger liest diese Zeichen bei vielen Männern und Frauen, die er kennt. Er lässt sich nicht vom Schein täuschen und schweigt lieber, wenn man versucht, ihn zu beeindrucken. Doch er ergreift die erstbeste Gelegenheit, um seine eigenen Fehler zu korrigieren, denn die anderen sind stets ein guter Spiegel unserer selbst. Der Krieger nutzt alle Gelegenheiten, sein eigener Meister zu werden.

Paulo Coelho (geb. 1947) [17]

# Bauchgefühl oder kopfgesteuert?
## Auf die innere Stimme lauschen

M eine Bekannte Martina erzählte mir neulich, dass sie eine neue Kollegin habe, die aus einer anderen Abteilung des Unternehmens komme. Dort sei sie nicht zurechtgekommen, die Zusammenarbeit mit den anderen habe nicht gut funktioniert. „Ich habe gehört, dass sie sehr launisch ist", erzählte mir Martina, „und die ständigen Stimmungsschwankungen haben die Kollegen in der anderen Abteilung genervt. Sie sind damit nicht klargekommen. Mit der Zeit wurde diese Kollegin wohl ziemlich isoliert. Und das ist ja keine gute Voraussetzung für eine funktionierende Zusammenarbeit. Die Teamarbeit ist bei uns halt besonders wichtig."

Man versetzte diese unbeliebte Mitarbeiterin dann in die Abteilung meiner Bekannten. In der Hoffnung, dass sie sich dort besser integrieren könne. Martina sah der neuen Kollegin mit gemischten Gefühlen entgegen. So ging es wohl auch den anderen Mitarbeitern ihrer Abteilung. Nach einer Woche traf ich Martina wieder. „Na, wie geht's denn mit der neuen Kollegin?", fragte ich gleich. „Also, ich hatte ja so meine Vorbehalte, aber ich muss sagen, dass ich sie so rein vom Bauchgefühl her eigentlich ganz sympathisch finde. Ganz anders, als ich es aufgrund der Erzählungen aus der anderen Abteilung erwartet hatte", berichtete Martina. „Sie hält sich noch sehr zurück. Wahrscheinlich, weil sie weiß, dass sie hier bei uns so eine Art Bewährungsphase durchmacht. Denn wenn sie bei uns auch nicht klarkommt, wird es wohl schwierig, sie im Unternehmen zu halten."

Nach ein paar Wochen war ich wieder einmal mit Martina unterwegs und fragte sie nach ihrer neuen Kollegin. „Irgendwas stimmt nicht mit ihr", erzählte sie, „sie ist manchmal sehr lustig und dann auch wieder schlecht drauf. Ihre Launen kann ich nicht einordnen. Aber trotzdem mag ich sie eigentlich." Ich empfahl Martina, mit der Kollegin doch einmal einen Kaffee trinken zu gehen, um sie besser kennenzulernen.

„Stell dir vor", berichtete Martina bei unserem folgenden Treffen, „ich war wirklich mit der Kollegin hin und wieder in der Mittagspause einen Kaffee trinken, und das war eine gute Idee. Ich habe einiges über ihr Privatleben erfahren. Ihre Mutter ist knapp 90 Jahre alt und lebt noch alleine. Die Kollegin bemüht sich, neben Job und Familie auch ihre Mutter zu versorgen, erledigt die Einkäufe für sie, geht mit ihr zum Arzt, schaut, dass die Wohnung einigermaßen in Ordnung ist. Aber eigentlich ist es nicht mehr tragbar, dass sie alleine lebt. Die Kollegin versuchte schon mehrmals, mit ihr darüber zu sprechen, ob es nicht sinnvoller wäre und der Sicherheit der alten Dame diene, wenn sie in ein Altenheim zöge. Aber ihre Mutter reagierte immer störrisch, beschimpfte meine Kollegin, dass sie sie abschieben und sich nicht mehr um sie kümmern wolle. Das belastet die Kollegin ungemein, denn sie möchte doch, dass es ihrer Mutter gut geht."

Der neuen Kollegin tat es offenbar gut, dass Martina sich ihrer ein wenig angenommen hatte und sie sich ihr gegenüber öffnen konnte. Ihre Launen rührten von ihrer privaten Situation her, den ständigen Wechselbädern der Gefühle, denen sie aufgrund der Situation ihrer Mutter unterworfen war. Sie wollte ihr helfen und hatte einerseits ein schlechtes Gewissen, dass sie zu wenig mache. Andererseits ärgerte sie sich aber auch des Öfteren über den Starrsinn der alten Dame. Zudem befürchtete sie, dass ihre Familie bei all dem zu kurz kommen würde.

Martina erzählte auch ihren Kollegen in der Abteilung und der Abteilungsleiterin von den Schwierigkeiten der neuen Mitarbeiterin und warb für Verständnis. „Weißt du, die neue Kollegin leidet ja selbst unter ihren Stimmungsschwankungen. Und seitdem sie weiß, dass wir das nachvollziehen können und sie nicht ausgrenzen, ist sie viel umgänglicher geworden."

Martinas Bauchgefühl hatte sie nicht getrügt. Zwar schwirrten in ihrem Kopf die Vorurteile herum, die sie aus der anderen Abteilung gehört hatte, aber sie ließ sich im Endeffekt nicht beirren und folgte den Signalen ihres Herzens. Sie grenzte die neue Kollegin nicht aus, sondern wandte sich ihr zu. Behutsames Reden kann wie Balsam wirken und Wunden heilen, wenn man mit seinen Worten nicht nur das Ohr, sondern auch die Seele des anderen berührt. Das ist Martina gelungen.

Leider reagieren wir nicht immer so, sondern neigen dazu, andere zu bewerten, zu beurteilen, ja manchmal sogar abzuurteilen. Unsere Wahrnehmung ist immer subjektiv und hat mit uns selbst und unserer Persönlichkeit zu tun. Manch einer findet an jedem anderen Menschen etwas auszusetzen. Und dies aufgrund von vorschnellen Einschätzungen oder von Erfahrungen, die andere an uns weitergeben. Dann laufen wir Gefahr, einem Menschen einen Stempel aufzudrücken. Er wird dann in einer Schublade eingeordnet, ohne Chance, dort jemals wieder herauszukommen. Das scheint auf den ersten Blick einfacher, als sich mit ihm zu beschäftigen und sich – im positiven Sinne – mit ihm auseinanderzusetzen. Damit diskriminieren wir so manch einen und vergeben die Chance, solch positive Entdeckungen zu machen wie meine Bekannte Martina.

Mit einem solchen Schubladendenken werden nicht nur Einzelpersonen ausgegrenzt, sondern gelegentlich ganze Bevölkerungsgruppen. Wer hat nicht schon Vorurteile gehört gegenüber „den" Türken, „den" Arbeitslosen, „der schlecht erzogenen" Jugend, um nur einige Beispiele zu nennen. Dabei können wir von Andersdenkenden, von Menschen mit anderer Lebenserfahrung sehr profitieren. Das Anderssein der anderen ist ja auch bereichernd.

## Gedanken und Gefühle bestimmen unser Leben

Unser Leben wird von Gedanken und Gefühlen bestimmt. Es ist wichtig, gerade die Gefühle nicht beiseitezuschieben. Wer versucht, ein rein kopfgesteuertes Verhalten an den Tag zu legen, wird voraussichtlich sehr bald Probleme bekommen, da er seiner Seele nicht genügend Aufmerksamkeit schenkt.

Manchmal hat man ganz spontan das Gefühl, dass nichts Gutes bevorsteht, auch wenn von außen betrachtet alles seine Ordnung hat. Dann sollte man in sich gehen, diesem Gefühl nachgehen und ergründen, woher es kommt.

Es ist wichtig, unsere Gefühle ernst zu nehmen. Sie haben ihren Sinn. Daher sollten wir Unruhe, Ärger, Traurigkeit, Neid – oder was immer uns beschäftigt – auf den Grund gehen und analysieren, warum sie uns belasten und woher sie kommen. So können die Gefühle nicht die Oberhand gewinnen und uns dominieren.

Viele Menschen hängen an Vorurteilen, Ängsten, Begierden, Emotionen. Es ist hilfreich, wenn man die Gefühle, die tagsüber im Bauch herumgeschwirrt sind, am Abend einmal in Ruhe innerlich betrachtet. Dann wird man vielleicht feststellen, dass sie nicht so bedeutsam sind. Man kann sie beiseitelegen und somit Ruhe in der Nacht finden. Manchmal hilft es auch, sich an einen ruhigen Ort zu setzen, seine Gedanken und Gefühle aufzuschreiben und darüber nachzudenken. Man kann seine Gedanken gegeneinander abwägen, neue Aspekte hinzufügen und so einen anderen Blickwinkel bekommen. Glücklich sind diejenigen, die einen Menschen haben, dem sie bedingungslos vertrauen können. Mit einem solchen Partner kann man auch offen über Gefühle sprechen. Über freudige, aber auch über belastende. Indem man sie ausspricht, verlieren sie oft ihre vermeintlich immense Dimension, und das Negative kann heilen.

Indem man sich von seelischem Müll trennt, kann man sich auch selbst erneuern. Wenn man vieles von dem, was einen belastet, loslässt, wird man gelassener. Dann wird Loslassen zum Gewinn. Das Loslassen kann man sehr schön in der Natur beobachten. Bäume und Pflanzen wachsen und gedeihen, indem sie immer wieder loslassen. Sie werfen Früchte, Blätter und morsche Zweige ab, um im nächsten Jahr wieder Neues hervorbringen zu können.

„Als ich mich wirklich selbst zu lieben begann, konnte ich erkennen, dass emotionaler Schmerz und Leid nur Warnung für mich sind, gegen meine eigene Wahrheit zu leben. Heute weiß ich, das nennt man ‚authentisch sein‘", soll Charlie Chaplin an seinem 70. Geburtstag gesagt haben.

Wie das eingangs erzählte Beispiel meiner Bekannten Martina zeigt, gibt es einige wesentliche Punkte, die den Umgang mit anderen erleichtern:

• sich nicht von den Vorurteilen anderer beeinflussen lassen, sondern sich selbst ein Bild vom Mitmenschen machen.

- auf den anderen zugehen, den ersten Schritt tun, und sei es noch so schwer. Einen Versuch ist es allemal wert.
- den anderen ansehen mit all seinen individuellen Ausprägungen und ihm dadurch „Ansehen" verschaffen.
- ihn be-achten und damit achten.

„Wenn ihr das königliche Gesetz erfüllt nach der Schrift ‚Liebe deinen Nächsten wie dich selbst', so tut ihr recht", heißt es im Brief des Jakobus (2, 8).

*„Durch nichts ist der Mensch den Göttern näher,*
*als wenn er seinem Nächsten Gutes tut."*
*Marcus Tullius Cicero (106–43 v. Chr.)*

## Sich einen inneren Raum bewahren – Die wesentlichen Dinge im Lärm des Alltags nicht untergehen lassen

Mein Freund Eberhard kann nicht still sitzen. Er ist beruflich sehr stark eingespannt als Geschäftsführer eines mittelständischen Unternehmens. Quasi sieben Tage die Woche. Denn wenn er am Freitagabend aus dem Büro kommt, nimmt er sich Unterlagen mit, die er am Wochenende bearbeitet. Außerdem beantwortet er am Samstag und Sonntag seine zahlreichen Mails. Wenn Eberhard sich einmal Zeit nimmt und mit seiner Frau zum Abendessen kommt, leert er rasch seinen Teller und hat merklich Mühe, auf seinem Stuhl sitzen zu bleiben. Er steht auf, läuft im Zimmer herum, geht auf die Terrasse, um eine Zigarette zu rauchen, setzt sich wieder kurz, um sogleich wieder aufzuspringen und rastlos herumzutigern. So geht es fast den ganzen Abend. Wenn man ihn darauf anspricht, sagt er, dass seine vielen Aufgaben ihn nicht zur Ruhe kommen lassen.

Eberhard ist kein Einzelfall. Denn wenn man sich selbst manchmal beobachtet, stellt man fest, dass in manchen Situationen der Aktivismus die Oberhand gewinnt. In jedem von uns stecken Verhaltensweisen, die denen von Eberhard ähneln. Ist es nicht so, dass man manchmal nach einem Tag mit vielen Terminen und Besprechungen nach Hause kommt und nicht erst einmal die Beine hochlegt, um Ruhe zu finden? Im Gegenteil, man schaut die Post durch, erledigt noch rasch ein paar Telefonate, räumt hier etwas weg und stellt dort etwas zur Seite, beantwortet noch schnell ein paar private Mails und sucht außerdem nach einigen Informationen im Internet. Ständig ist man in Bewegung, schaltet nicht ein paar Gänge herunter, sondern führt quasi den Arbeitsrhythmus des Tages in der Freizeit fort.

Eigentlich kein Wunder, denn Aktivismus ist ein Zeichen unserer Zeit. Dies wird an vielen Stellen deutlich. Ständig sind wir Lärm ausgesetzt – durch Verkehr und Baustellen. Überall werden wir berieselt. Durch Musik in Läden, Einkaufszentren, in der Bank und sogar in U-Bahnhöfen oder Flughäfen. Fast an allen Plätzen sind Informationen abrufbar. Über unsere Smartphones haben wir Zugang zum Internet, können unsere Mails abrufen, wo immer wir sind. Wir können Filme anschauen, uns über die Nachrichtenlage informieren und uns über Facebook oder Twitter austauschen. Was in vielen Situationen sehr hilfreich ist, kann manchmal zur Manie werden.

Viele Menschen nehmen die leisen Töne nicht mehr wahr, weil es außen so laut ist. Und wenn es dann wirklich einmal still um sie herum ist und sie sich vielleicht gerade einmal nicht ablenken können, werden sie unruhig – wie Eberhard. Dann kann die Stille knistern, und es kommt das hoch, was in ihrem Inneren verborgen ist. „Es ist eine interessante Erfahrung, dass viele Menschen in solchen Situationen im wahrsten Sinne des Wortes ihr Haus verlassen und Hilfe von außen suchen. Nicht wenige wollen dann ihren Akku mit einem Wellness-Wochenende in einem Hotel oder ein paar Besuchen im Fitness-Studio wieder aufladen", beobachtete der Benediktinermönch und Psychotherapeut Johannes Pausch.[18]

Haben wir etwa Angst vor möglichen Abgründen, die sich in unserem Inneren befinden könnten? Man muss sich selbst aushalten können, um bei sich selbst zu bleiben und – im übertragenen Sinne – nicht außer sich zu geraten. Dann verliert man sich nämlich selbst. Vor sich selbst davonzurennen kann keine Lösung sein. Es kann auch nicht funktionieren, denn man nimmt sich selbst immer mit, egal, wohin man rennt. Diese Erkenntnis ist nicht neu. Der Theologe Serapion von Thmuis stellte bereits im 4. Jahrhundert nach Christus fest: „Wenn du Nutzen haben willst, dann halte in deinem Kellion (= Zelle, d. V.) aus, achte auf dich und deine Handarbeit. Denn das Herausgehen bringt dir für den Fortschritt nicht den Nutzen wie das Stillsitzen."[19]

Der Ruhe standzuhalten, sich nicht zu zerstreuen, auch wenn es in einem lärmt und tobt, das ist eine Kunst, die wir heute vielfach verlernt haben. Wann sitzen wir denn wirklich einmal still, abgesehen von den Zeiten vor dem Fernseher. Aber dann sind wir ja wieder abgelenkt. Man muss sich mit dem, was sich in seinem Inneren abspielt, auseinandersetzen, um sich selbst in die Augen schauen zu können. Dies gehört zu den Grundprinzipien des achtsamen Umgangs mit sich selbst. „In Gesprächen erlebe ich immer wieder, wie Menschen Angst haben, in das eigene Herz zu schauen. Da könnten sie ja all dem Dunklen und Verdrängten begegnen, vor dem sie lieber ihre Augen verschließen", stellte Anselm Grün fest.[20]

105

## Reise in unseren inneren Raum der Stille

In uns ist ein Raum der Stille, zu dem nur wir selbst Zutritt haben – wenn wir es wollen. Dorthin dringt kein noch so großer Lärm von außen. Nur – wie gelangen wir zu diesem Raum, mag sich so mancher fragen. Man erreicht ihn nur, wenn man sich selbst der Stille stellt, in Zeiten der Ruhe, in der Meditation oder in Exerzitien beispielsweise. Menschen, die dies regelmäßig praktizieren, gelangen sehr rasch in diesen inneren Raum. Man kann dies üben, indem man zum Beispiel in seinen Tagesablauf eine Meditationszeit einbaut. Dies erfordert keinen großen Zeitaufwand. 15 Minuten täglich genügen. Aber man sollte diese Zeit auch wirklich einhalten und sie sich gönnen als Weg zur inneren Einkehr.

Es gibt dazu eine sehr schöne und hilfreiche Übung. Man muss eine entspannte Meditationshaltung dafür einnehmen. Diese erreicht man, indem man sich beispielsweise auf eine Bodenmatte setzt, die Beine vor sich kreuzt und die Hände mit dem Handrücken und geöffneten Handinnenflächen auf die Knie legt. Der Rücken soll gerade sein, die Augen werden geschlossen. Diese Haltung kann man einüben, dann wird es einem nicht schwerfallen, 15 Minuten oder auch länger so zu verharren. Wer lieber auf einem Stuhl sitzt, kann auch so seine Meditation vollziehen. Die Beine sollen dabei nebeneinanderstehen und die Hände mit den offenen Handflächen nach oben auf den Knien liegen. Ich selbst bevorzuge einen Meditationshocker, auf dem ich entspannt eine lange Zeit sitzen kann.

Die Reise ins Innere stelle ich mir ganz bildhaft vor. Zunächst nehme ich tief Atem. Die Atemzüge gehen bis weit in den Bauchraum hinein. Das Ausatmen sollte doppelt so lange dauern wie das Einatmen. Ich verfolge meinen Atem gedanklich so lange, bis ich merke, dass ich zur Ruhe komme. Nun beginnt mein Weg in meinen inneren „Raum der Stille". In Gedanken wandere ich mit meinem Atem durch die Nase ganz langsam in den Bauchraum hinein. Ich stelle mir vor, wie ich die Ruhe mitnehme und in meinen Körper befördere. Gedanken, die mich ablenken wollen, schiebe ich beiseite. Nun stelle ich mir vor, wie sich die Ruhe mit dem Atem in meinem ganzen Körper ausbreitet. Ich konzentriere mich nur auf meinen Atem und die Wege, die er in meinem Körper nimmt.

Vom Bauchraum wandere ich dann mit meinen Gedanken zum Herzen, öffne dort rein bildlich eine Tür und trete ein in meinen Herzensraum. Er ist in meiner Phantasie möbliert. Dort befinden sich schöne Gegenstände wie Liebe, Glück, freudige Erlebnisse, Sonnenstrahlen. Dann gibt es dort manchmal auch ein wenig Tand, der den Blick auf die schönen Möbelstücke verstellt. Das sind so die alltäglichen Dinge, die mich belasten, beispielsweise ungeliebte Verpflichtungen, auf die ich mich eingelassen habe, oder unerfreuliche Begegnungen. Ich brauche diese belastenden Dinge nicht mehr und werfe sie bildlich gesprochen aus meinem Herzensraum hinaus auf den Sperrmüll.

Dann aber gibt es da noch hin und wieder ein paar wirklich hässliche und sperrige Möbelstücke, die ich in meinem Herzensraum gelagert habe. Ich stoße mich immer wieder an ihnen, wenn ich mich bewege. Was könnte das sein? Vielleicht Ärger, Wut, Traurigkeit, Verletzungen. Was auch immer, ich nehme diese Dinge sehr genau unter die Lupe. Manchmal kann ich mich rasch entscheiden, ob ich auf diese Gegenstände verzichten will. Hin und wieder entscheide ich mich auch, sie zu bearbeiten, damit sie mir kein Dorn mehr im Auge sind. Manchmal weiß ich nicht, was ich mit einem hässlichen Gegenstand machen soll. Dann lasse ich ihn erst mal stehen und schaue ihn mir bei meinem nächsten Besuch in meinem Herzensraum erneut an. Vielleicht sehe ich ihn dann anders, oder mir fällt ein, wie ich ihn behandeln kann. Nach diesen fiktiven Besuchen in meinem Herzensraum fühle ich mich in der Regel sehr wohl, denn ich weiß dann, wie es um mich steht. Ich kann danach die Dinge, die mich belasten, besser einordnen. Und wenn man diese Meditation regelmäßig macht, kann sich nicht so viel „Gerümpel" in unserem Herzensraum ansammeln.

Nur wenn wir uns Zugang zu diesem inneren Raum verschaffen, lernen wir uns selbst wirklich kennen. Wir begegnen dort unseren Wünschen und Sehnsüchten, unseren echten Bedürfnissen, unseren Leidenschaften, aber auch unseren negativen Seiten. Deshalb ist nicht alles angenehm, was wir dort vorfinden. Aber nur so haben wir die Chance, negative Gefühle – wie beispielsweise Neid, Hass, Missgunst – zu erkennen und auszumerzen. „Die Weisheit unserer Seele führt dazu, dass Verletzungen, Kränkungen und Ähnliches verdrängt und ‚weggesperrt' werden. Dies ist ein wichtiger Schutzmechanismus.

Problematisch wird es dann, wenn dieser Schutzmechanismus zu einer Eintrübung der Lebensfreude und Einschränkung der Lebenstüchtigkeit führt."[21] Nur, wenn es in unserem Inneren „aufgeräumt" ist, können wir ein ausgeglichenes Leben führen. Oft merken wir ja selbst schon, wenn in unserem Innenleben etwas nicht stimmt. Dies erkennen wir manchmal auch an körperlichen Symptomen, denn unsere Gedanken und Gefühle können uns krank machen.

Unsere große Chance aber ist es, in diesem inneren Raum auch unsere Potentiale zu erkennen und Kraft zu schöpfen aus dem, was in uns steckt. Dort sitzen unsere Ressourcen, dort befindet sich eine Art innere Quelle, die uns befruchten kann. „Heute besuche ich mich selbst, hoffentlich bin ich zu Hause", sagte Karl Valentin einmal. Eine scherzhafte Aussage mit sehr viel Hintersinn.

Jeder Mensch braucht seinen inneren Raum zum Auftanken, sonst wird er, wie mein Freund Eberhard, herumtigern und irgendwann mit leeren Batterien dastehen. Es ist ein Zeichen von Achtsamkeit mir selbst gegenüber, wenn ich mir diesen Raum erhalte. So merke ich gleich, wenn etwas mit mir nicht stimmt, wenn ich mich möglicherweise überfordere oder ein Verhalten an den Tag lege, das mir nicht entspricht. Betreten Sie Ihren inneren Raum regelmäßig. Und schreiben Sie gelegentlich einmal auf, was Sie dort besonders berührt. Lassen Sie bei allen Anforderungen die wesentlichen Dinge im Lärm des Alltags nicht untergehen. Seien Sie behutsam mit sich selbst. Erlauben Sie sich, auch einmal nichts zu tun, nicht gefragt und gefordert zu sein. „Nimm dir dabei Zeit für dich, verweile bei dir, statt im Funktionieren immer wieder und immer mehr dich von dir selbst, deinem Selbst zu entfremden."[22] Lauschen Sie vielleicht an einem verregneten Wochenende einmal eine ganze Weile dem Plätschern des Regens. Haben Sie dies schon einmal probiert? Es ist keine Zeitverschwendung, sondern könnte ein Weg zu Ihrem inneren Raum sein.


*„Wer nach außen schaut, träumt.*
*Wer nach innen blickt, erwacht."*

Carl Gustav Jung (1875–1961)

## Ballast erkennen und abwerfen

K ürzlich habe ich mein Büro renovieren lassen. Da auch ein neuer Boden verlegt wurde, mussten alle Möbel aus dem Zimmer entfernt werden. Das bedeutete, alle Schränke und Regale auszuräumen, den Schreibtisch samt Schubladen zu leeren und auch alle anderen Behältnisse und Ablageflächen. So musste ich alles in die Hand nehmen, was sich in diesem Zimmer befand. Und das war eine ganze Menge, auch wenn der Raum nicht riesig ist. Vor dieser etwas mühseligen Aktion graute mir ein wenig, aber es blieb mir nichts anderes übrig, als mich an die Arbeit zu machen, bevor die Handwerker anrückten. Mit dem Ausräumen wollte ich gleichzeitig auch ein Ausmisten verbinden, und so konnte mir diese Arbeit niemand anderes abnehmen.

Alle Unterlagen, alle Bücher, alle Papiere und alle sonstigen Gegenstände, die sich bei mir angesammelt hatten, nahm ich, schaute sie mir an und teilte sie dann in vier Kategorien ein. Die erste Kategorie waren die Dinge, die ich noch benötigte und behalten musste oder wollte. Die zweite Kategorie waren jene, die ich archivieren und in einem anderen Raum unterbringen wollte. Sie kamen gleich in entsprechende Kisten und wurden dann an anderer Stelle eingeräumt. Zur dritten Kategorie gehörten Dinge, bei denen ich mich nicht auf Anhieb entscheiden konnte, ob ich sie noch benötigen könnte oder besser gleich entsorgen sollte. Und zu guter Letzt gab es die Dinge, bei denen ich mich entschied, sie wegzuwerfen.

Am Anfang fiel mir das Entsorgen einigermaßen schwer. So manchen Gegenstand stellte ich erst einmal in eine Ecke, um ihn später wieder zur Hand zu nehmen. Aber je länger ich mit der Ausräumaktion beschäftigt war, desto leichter beförderte ich Dinge in die Kisten, die zum Wertstoffhof gebracht oder verschenkt werden sollten. Die Entscheidung, mich von Unnötigem zu trennen, wurde immer einfacher, je mehr der entsprechende Stapel wuchs. Mit jedem Stück, von dem ich mich trennen wollte, spürte ich eine größer werdende Erleichterung. Zum Schluss nahm ich mir noch einmal die Dinge vor, bei denen ich zunächst unsicher war, ob ich sie noch brauchen würde. Hier ging ich dann beherzt ans Werk und benötigte keine lange Bedenkzeit mehr. Nach kurzer Überlegung entschied ich mich auch hier vielfach für den Transport zum Wertstoffhof. Leichten Herzens nahm ich vieles in die Hand, erinnerte mich manchmal mit einem Kopfschütteln und manchmal mit Schmunzeln daran, in welchem Zusammenhang ich diese Dinge benötigt hatte – und trennte mich von ihnen. Tempi passati – sie gehörten der Vergangenheit an, ich brauche sie jetzt nicht mehr.

Zum Schluss war ich nicht nur zufrieden, weil ich mich von so vielen Dingen getrennt hatte, sondern auch regelrecht erleichtert. Diese ganzen Papiere, Bücher und Gegenstände, die ich entsorgt hatte, hatten sich – ohne dass ich mir dessen bewusst war – als Ballast entpuppt, auf den ich getrost verzichten konnte.

Als ich mich nach der Renovierung dann wieder ans Einräumen begab, freute ich mich umso mehr, weil ich so viel Platz geschaffen hatte. Platz, der mir Freiraum gab für Neues. Neue Ideen, neue Projekte, neue Initiativen. Und dem, was ich behalten hatte, konnte ich mehr Aufmerksamkeit schenken. Die einzelnen dekorativen Gegenstände konnten besser wirken. Ansonsten wurde meine Aufmerksamkeit nicht mehr abgelenkt von Bücherstapeln, die mich daran erinnerten, dass ich sie noch wegräumen wollte. Oder von Papieren, deren Anblick ich als Ermahnung wahrnahm, dass ich noch vieles zu erledigen hatte.

Im Umfeld eines jeden Menschen sammelt sich immer wieder Überflüssiges an. Gerümpel, das nicht nur den Blick verstellt, sondern auch auf der Seele lastet. „Der Mensch ist umso reicher, je mehr Dinge er liegen lassen kann", sagte der amerikanische Schriftsteller und Philosoph Henry David Thoreau. viele Menschen können sich nicht trennen, aber damit wird vieles für sie zum Ballast. Bei manchen wird das Sammeln zur Manie. Ich habe einen Bekannten, dessen Sammelleidenschaft dazu geführt hat, dass er Garagen anmieten musste, um alles unterbringen zu können, was er hortet: Figuren aus Überraschungseiern, Spielzeugautos, alte Zeitungen und Zeitschriften und vieles mehr. Da er schon im Rentenalter ist, wird seine Lebenszeit nicht reichen, um all das zu ordnen, was er gesammelt hat. Ganz abgesehen davon, dass er zum Teil den Überblick darüber verloren hat, was sich im Einzelnen in den Garagen stapelt. Für ihn selbst, aber auch für seine Familie, die sich später mit diesen Dingen wird beschäftigen müssen, ist das alles zur Belastung geworden. Ordnung zu schaffen ist nicht immer einfach. Man muss aktiv werden, etwas – im eigentlichen und im übertragenen Sinne – in die Hand nehmen. Man muss jedes Ding erfassen, um es loslassen zu können. Intellektuell erfassen, wie wichtig Ordnung schaffen für das Leben ist, aber auch jeden Gegenstand anfassen, sich darüber klar werden, ob man ihn noch braucht, und ihn dann beiseitelegen.

Viele haben Angst davor, etwas loszulassen. Sie glauben, ihr Leben würde dadurch ärmer. Dabei gibt es genug Beispiele von Menschen mit großem materiellen Besitz, die aber nicht glücklich sind. Der Besitz bindet. Er kann zwar Freude bringen, aber oft auch Verpflichtungen, Aufgaben, Entscheidungszwänge und Probleme.

Manche Menschen sammeln nicht nur Gegenstände, sondern belasten sich auch mit Vorhaben. Sie notieren sich auf Zetteln, was sie noch alles erledigen möchten. Und wissen im Grunde bereits beim Aufschreiben, dass sie dies alles nicht schaffen können. Das Unerledigte, was auf dem Zettel notiert ist, ist aber eine ständige Ermahnung und lässt diese Menschen nicht zur Ruhe kommen. Denn sie haben es ja schwarz auf weiß, dass noch vieles zu erledigen ist.

Klüger ist es, sich von manchen Vorhaben zu verabschieden. Dann bekommt man Freiräume für andere Dinge, zum Beispiel auch Zeit zur Entspannung. Stunden, in denen man einfach das macht, was einem gefällt. Sie sind ohnehin selten genug.

Dinge zu besitzen kostet Zeit. Auf Dinge zu verzichten, die man nicht benötigt, bringt hingegen Zeit. Diese Zeit wird damit zum Geschenk, das einen im übertragenen Sinn reich macht. „Derjenige, der weiß, dass er genug hat, ist reich", sagt ein chinesisches Sprichwort. Oft stehen wir uns selbst im Weg und krallen uns fest an Besitztümern, aber auch an Privilegien, an Vorurteilen und an vielen anderen Dingen. Daher sollte man regelmäßig entrümpeln und sich von Überflüssigem oder Überholtem trennen. Dies gilt für Gegenstände ebenso wie für so manche Vorstellung und Meinung, in die wir uns vielleicht verbissen haben. Es gilt für Dinge, die uns seelisch belasten und geregelt werden müssen. Manchmal auch für menschliche Beziehungen. Denn hin und wieder müssen wir bei ehrlicher Betrachtung feststellen, dass es auch besser ist, sich von Menschen zu trennen, die uns blockieren, belasten, herabziehen. Aber alles muss wohl überlegt und mit großer Achtsamkeit erfolgen.

*„Es gibt keine größere Freude als die, keinen Grund zur Sorge zu haben, keinen größeren Reichtum als die Zufriedenheit mit dem, was man hat."*
*Anthony de Mello (1931–1987)*

# Gelassenheit
# üben

## In Balance sein –
## Wie finde ich das rechte Maß in meinem Leben

Die rechte Maßhaltung ist die Mutter aller Tugenden", sagte Altabt Odilo Lechner immer wieder einmal zu mir. Ich habe mit ihm ein Buch über die Regel des heiligen Benedikt geschrieben mit dem Titel „Leben nach Maß". Wir waren häufig gemeinsam zu Vorträgen unterwegs, und ich war immer wieder beeindruckt von der Gelassenheit, die dieser erfahrene Ordensmann ausstrahlt.

„Das rechte Maß" bedeutet, das Zuviel und das Zuwenig zu vermeiden. Theoretisch wissen wir das. Nur – wie kann man dieses Lebensmotto in die Praxis umsetzen und als Leitlinie für den Alltag verinnerlichen?

In Balance zu sein, betrifft im Grunde alle unsere Lebensbereiche: das richtige Maß zwischen Arbeit und Freizeit, die Ausgewogenheit zwischen Ruhe und Bewegung, das Maßhalten beim Essen und Trinken und den achtsamen Umgang miteinander.

Ein Leben im rechten Maß bewahrt vor Einseitigkeit und davor, dass man zu sehr in eine Richtung ausschlägt. Man könnte auch sagen, es hilft, nicht über die Stränge zu schlagen. In Balance zu sein, schützt vor Maßlosigkeit und Überreizung bis „das Maß voll ist".

Gerade in den letzten Jahren gibt es in unserer Gesellschaft einige prägnante Beispiele für solche Situationen. Man denke nur an diejenigen Banker, die Gelder von Kunden in windige Anlagen steckten und damit so manchen um sein Vermögen brachten. Einige dieser sogenannten Bankfachleute bekamen dennoch ihre Boni und sahnten am Ende noch ab. Ohne schlechtes Gewissen gegenüber denjenigen, die sie schlecht beraten hatten.

Man erinnere sich an einzelne Spitzenpolitiker, die an allen Fronten versuchten, sich aufgrund ihrer Position Vorteile zu verschaffen. Und die dies auch nur zugaben, wenn man es ihnen detailliert nachweisen konnte. Erst unter starkem Druck gaben sie ihr Amt auf. Und selbst dann schien bei ihnen kein Unrechtsbewusstsein vorhanden zu sein. Kein Wunder, dass sich angesichts solchen Verhaltens Politikverdrossenheit breitmacht und so mancher Bürger zu neuen Parteien abwandert oder gar nicht mehr zur Wahl geht.

Dies sind Beispiele für Verhaltensweisen, bei denen „das Maß sogar überschritten" wurde. Solches Vorgehen schafft Misstrauen und sät Zweifel. Aber es sind nicht nur solche in den Medien beleuchtete Beispiele, die deutlich machen, dass das rechte Maß aus den Augen verloren wurde. Auch im eigenen Umfeld findet so mancher von uns wahrscheinlich Fälle, bei denen sich die Waagschalen auf sehr unterschiedlichen Höhen befinden.

In so manchem Unternehmen ist es beispielsweise an der Tagesordnung, dass die Mitarbeiter regelmäßig Überstunden machen und bis in den späten Abend sowie an den Wochenenden für den Arbeitgeber im Einsatz sind. Ich erinnere mich an ein Abendessen mit dem Inhaber einer Werbeagentur, dessen Mitarbeiter in den Büros noch an einer Kundenpräsentation arbeiteten. Gegen 23 Uhr riefen sie den Chef an und sagten, dass er zur Abnahme der Präsentation ins Büro kommen könne. Dieser ließ sich aber noch Zeit, aß in Ruhe ein Dessert und trank einen Espresso. Um Mitternacht machte er sich auf den Weg in die Agentur, in der seine Mitarbeiter warten mussten, bis er kam. Für ihn und sein Team waren das, wie er sagte, normale Arbeits„tage": „Wer solche Arbeitszeiten nicht aushält, ist bei mir fehl am Platz", sagte er zum Abschied.

Wer einen solchen Chef hat, muss sich fragen, wie lange er solche maßlosen Forderungen an den Arbeitseinsatz mitmachen möchte. Es gibt aber auch durchaus Berufstätige, die sich über die Anzahl ihrer Arbeitsstunden definieren: Wer viel Zeit im Job verbringt, muss eine bedeutende Position haben. Wer bis in die Nacht Mails erhält und beantwortet, muss gefragt sein. Wessen Handy pausenlos klingelt, der ist wichtig. Nur – wie lange kann man so etwas durchhalten? Wann ist die Grenze überschritten, an der man sich und andere überfordert?

„Wenn ich meine Herden unterwegs überanstrenge, werden alle an einem Tag zugrunde gehen", heißt es in der Bibel.[23] Nach Möglichkeit soll jeder seine Arbeit ohne dauerhaften Druck ausüben können. Hochphasen gibt es immer wieder, aber sie dürfen nicht zur Dauereinrichtung werden, sonst verliert man die Freude an der Arbeit und wird ausgebrannt. Damit dies nicht passiert, muss man immer wieder Abstand zur Arbeit bekommen.

Dabei ist ein Zeitraster hilfreich, eine klare Tagesstruktur, zu der natürlich auch Pausen gehören. Denn schließlich muss man ja auch auftanken können. Es gibt da ein paar kleine Grundprinzipien:

- Nummer eins: Arbeitsbeginn und -abschluss zeitlich festlegen.
- Nummer zwei: In der Tagesmitte eine Pause von mindestens einer halben, besser einer Stunde einlegen. Diese Zeit nicht im Büro verbringen, sondern zum Essen an einen anderen Ort gehen. Danach noch eine Runde um den Block spazieren.
- Nummer drei: Sich für alle Arbeiten, die man zu erledigen hat, ein realistisches Zeitfenster festlegen. So vermeidet man, an einer Sache zu lange herumzudoktern, denn sie wird dadurch voraussichtlich nicht besser. Wahrscheinlich hat jeder schon festgestellt, dass man Arbeiten tatsächlich zügiger erledigt, wenn man eine Uhrzeit festlegt, zu der man fertig sein möchte.
- Nummer vier: Alles, was man tut, konzentriert erledigen und voll bei der Sache sein. Nur im Notfall ablenken lassen.

All dies ist hilfreich, um die Arbeit nicht zum einzigen Mittelpunkt des Lebens werden zu lassen. „Das Maß suchen heißt messen, vernünftiges Abwägen der Zeiten und Gewohnheiten und der Verschiedenheit der Menschen."[24] Natürlich sollen individuelle Fähigkeiten und Prägungen nicht durch ein strenges Korsett von Vorgaben eliminiert werden, dann würde die Gefahr bestehen, dass sich Mittelmäßigkeit breitmacht. Darum geht es nicht. Es geht vielmehr darum, dem Tag und im Grunde dem ganzen Leben eine gewisse Struktur zu verleihen, die dem Menschen Sicherheit bringt. Das rechte Maß auszuloten ist übrigens ein ständiger Prozess, der nie abgeschlossen ist. Deshalb sollte man Vorgaben und Regeln immer wieder überdenken und sich nicht in ein einmal erstelltes Konzept verbeißen. Dies gilt für den Job genauso wie für die Familie oder andere Lebensbereiche.

Wichtig ist es, immer wieder einmal Bilanz zu ziehen und dabei die eigenen Verhaltensweisen kritisch zu hinterfragen:

- Bürde ich mir zu viel Arbeit auf? Wenn ja, woran mag dies liegen?
- Kann ich nicht abgeben?
- Misstraue ich den Qualifikationen und Kenntnissen der Kollegen?
- Möchte ich mich damit in den Mittelpunkt stellen?
- Was kann ich abgeben?
- Was ist vielleicht ohnehin überflüssig?
- Wo kann ich stärkere Strukturen schaffen, die mir Entlastung bringen?

Die gleichen Fragen kann man sich auch in Bezug auf die Familie stellen. Hilfreich kann es auch hier sein, einen Aufgabenplan zu erstellen, in den jedes Familienmitglied einbezogen wird. So vermeidet man, dass ungeliebte Tätigkeiten an einer Person hängen bleiben.

Spüren Sie Ihre inneren Antreiber auf und auch die Zeitsaboteure. Sicherlich gibt es Tätigkeiten, die überflüssig sind oder rascher erledigt werden können.

Verabschieden Sie sich von dem Wunsch, es allen recht machen zu können. Dies kann nicht funktionieren. Wenn andere zu hohe Anforderungen an Sie stellen oder etwas von Ihnen erwarten, was Sie nicht leisten können, bringen Sie dies offen zur Sprache.

Und: Haben Sie Mut zur Lücke. Überlegen Sie sich, welche Folgen es haben könnte, wenn Sie gewisse Aufgaben, die Sie sich womöglich selbst auferlegt haben, nicht erledigen. Meist geht dann die Welt nicht unter. Wenn Sie im Beruf in der Aufgabenfülle zu ersticken drohen, sprechen Sie mit Ihrem Vorgesetzten und den Kollegen. Oft kann man Aufgaben anders verteilen und dadurch den Einzelnen entlasten. Nur: Sie müssen sich selbst melden, sonst merken die Kollegen vielleicht nicht, dass bei Ihnen das rechte Maß verloren zu gehen droht.

Menschen, die das rechte Maß für sich gefunden haben, sind ausgeglichener und selbstbewusster. Sie haben sich bewusst gemacht, was ihnen guttut, und wie sie ihr Leben gestalten möchten. Sie sind unabhängig von dem, was andere über sie sagen oder denken. Dies führt zu echter Gelassenheit.

*„Gott gebe mir die Gelassenheit, Dinge hinzunehmen, die ich nicht ändern kann, den Mut, Dinge zu ändern, die ich ändern kann, und die Weisheit, das eine vom anderen zu unterscheiden."*
*Reinhold Niebuhr (1892–1971)*

# Im Rhythmus der Mönche –
## Die heilsame Wirkung des „ora et labora"

Die Gästehäuser der Klöster haben in den letzten Jahren verstärkten Zulauf. Man könnte fast sagen, dass es im Trend liegt, sich regelmäßig für ein paar Tage oder ein Seminar ins Kloster zurückzuziehen. So mancher Gesprächspartner hat mir im vertrauten Austausch schon erzählt, dass es für ihn ganz wichtig ist, sich wenigstens einmal pro Jahr hinter Klostermauern zu begeben. Dabei bin ich so manches Mal überrascht, denn es handelt sich des Öfteren um Menschen, die wenig oder keinen Bezug zu Religion und Kirche haben. Sie kommen aus der Wirtschaft, aus Politik, Banken, aus handwerklichen, therapeutischen, aus kreativen Berufen. Aus allen Gesellschaftsschichten, aus verschiedenen Altersgruppen und unterschiedlichem sozialen Umfeld. In manchen Klöstern kann man die Ordensleute bei der Arbeit unterstützen. Ein Manager beispielsweise, sonst für einen ganzen Stab von Mitarbeitern verantwortlich, erzählte mir einmal mit Begeisterung, dass er bei der Gartenarbeit geholfen hatte. Am Abend war er erschöpft von der ungewohnten körperlichen Arbeit, aber auch glücklich, denn er hatte Unkraut gejätet und konnte am Ende des Tages stolz betrachten, was er geleistet hatte. Eine Immobilienmaklerin half in der Küche und zeigte mir später, wie perfekt sie das Geschirr einsortiert und die Räume gesäubert hatte. Im Gegensatz zu ihrer sonstigen Tätigkeit hatte sie hier ganz konkret vor Augen, welche Arbeit sie in ein paar Stunden bewältigt hatte. Ein positiver Nebeneffekt: Bei den Reinigungsarbeiten konnte sie sich mit der Nonne, der sie half, auch noch über deren Lebenseinstellung unterhalten. Die Ordensleute sind offen, wenn Menschen Kontakt zu ihnen suchen. Sie fragen nicht, woher man kommt oder ob man einer Religionsgemeinschaft angehört und gläubig ist. Was suchen die Menschen an diesen Orten? Sicherlich sind die Beweggründe sehr unterschiedlich, aber in Gesprächen habe ich immer wieder erfahren, dass es doch einige Gemeinsamkeiten gibt, die für alle Klostergäste wichtig sind: Das sind einmal Ruhe, Zurückgezogenheit und gute Gesprächspartner. Ordensleute sind als Ratgeber sehr gefragt. Klöster sind Wirtschaftsbetriebe. Da sie keine Kirchensteuer erhalten, müssen sie ihren Unterhalt selbst erwirtschaften. Ordensleute sind daher in verschiedenen Jobs tätig. Sie leben in einer Gemeinschaft, in der – wie überall, wo Menschen zusammen leben und arbeiten – Konflikte auftauchen. Mönche und Nonnen kennen also die Dinge, die uns bewegen, leben aber in einem anderen System und haben eine gewisse Distanz zu unserer Welt. Mit diesem Abstand können sie manche Vorgänge in unserer Gesellschaft besser beurteilen.

Ein weiterer Aspekt, der für Klostergäste sehr wichtig ist, ist der Rhythmus des „ora et labora" – des „Bete und arbeite". Denn dieses System hat eine sehr heilsame Wirkung. Dieses „ora et labora" kann man als das Leitmotiv des heiligen Benedikt bezeichnen, obwohl dieser Begriff in seiner Regel, die er im 6. Jahrhundert nach Christus verfasste, nicht explizit auftaucht. Der Mönchsvater legte in seiner 73 Kapitel umfassenden Schrift sehr detailliert die Zeiten für Gebet, Arbeit, Studium und Mahlzeiten fest. Er unterschied dabei nicht nur zwischen Werk-, Sonn- und Feiertagen, sondern auch zwischen Sommer- und Winterphasen. Denn in den warmen Monaten arbeiteten viele Mitbrüder auf dem Feld, und die Tage waren länger. In den Wintermonaten mit ihren wenigen Sonnenstunden gingen sie dagegen häufiger kontemplativen Tätigkeiten innerhalb des Klosterareals nach. Also passte Benedikt die Regelung der Gebetszeiten diesen Gegebenheiten an. Im Sommer gab es wegen der längeren Tage drei Mahlzeiten täglich, zudem bekamen die Mönche kräftigere Nahrung, da sie auf den Feldern körperliche Arbeit verrichten mussten. Im Winter fanden nur zwei Mahlzeiten statt, die letzte übrigens vor Sonnenuntergang. Diese Maßnahme sollte einmal teures Kerzenlicht ersparen, zum anderen dafür sorgen, dass die Konventmitglieder nicht mit vollem Magen ins Bett gingen.

Es ist ein sehr ausgeklügeltes System, das sich der Ordensvater da ausgedacht hatte. Sein Ziel war es, eine Balance zwischen geistlichem Leben und den Anforderungen des Alltags zu erreichen. Die geistlichen Übungen sollten nicht zum Selbstzweck werden, auf der anderen Seite aber auch die körperliche Arbeit nicht überhandnehmen. Neben den geistigen Übungen – wie Meditation und geistliche Lektüre – und der Arbeit sollten die Gebetszeiten dem Tag eine Struktur geben. Der Rhythmus des „ora et labora" prägt den klösterlichen Alltag bis heute.[25]

Dieses System, die Arbeit zu festgelegten Zeiten zu unterbrechen und sich zum gemeinsamen Gebet zu treffen, bringt Ordnung in den Tag, in die Wochen, Monate, Jahre. Diese Ordnung zieht sich durch das ganze Leben der Ordensleute. Pausen einzulegen, das war auch dem lebenserfahrenen Benedikt klar, das gehört zum Rhythmus des Lebens. Selbst Arbeitsgeräte unterliegen bei dauerhaftem Gebrauch stärkerem Verschleiß und müssen daher regelmäßig gewartet werden. „Müßiggang ist der Seele Feind. Deshalb sollen die Brüder zu bestimmten Zeiten mit Handarbeit, zu bestimmten Zeiten mit heiliger Lesung beschäftigt sein ... Kranken oder empfindlichen Brüdern werde eine passende Beschäftigung oder ein geeignetes Handwerk zugewiesen; sie sollen nicht müßig sein, aber auch nicht durch allzu große Last der Arbeit erdrückt oder gar fortgetrieben werden. Der Abt muss auf ihre Schwäche Rücksicht nehmen."[26]

Wer sich als Gast dem klösterlichen Rhythmus anvertraut, merkt sehr bald, dass er eine ungemein heilsame Wirkung hat. Auf die morgendliche Gebetszeit und das gemeinsame Frühstück folgt die erste Arbeitsphase. Mittags wird die Arbeit niedergelegt, um sich zum gemeinsamen Gebet und der folgenden Mahlzeit zu treffen. Nach einer anschließenden Pause wird die Arbeit am Nachmittag wieder aufgenommen und abends vor der Vesper und dem Abendbrot beendet. Dieses System verhindert, dass man sich in eine Arbeit verrennt. Denn man muss sie zu vorgegebenen Zeiten unterbrechen, sich mit anderen Dingen beschäftigen, gewinnt dadurch Abstand und oft auch eine andere Perspektive. Mit neuen Impulsen kann man sich dann wieder an seine Aufgaben machen. Odilo Lechner, der Altabt der Münchner Benediktinerabtei St. Bonifaz, sagte mir einmal: „Manchmal möchte man gerne eine Arbeit abschließen, und das Rufen zum Gebet kommt in einem ungünstigen Moment. Aber wenn ich dann mit meinen Mitbrüdern zusammen bete und singe und später an meinen Schreibtisch zurückkehre, merke ich oft, dass mir die kurze Arbeitspause gutgetan hat, und ich mit neuen Impulsen meine Aufgaben fortsetzen kann."

## Gemeinsamkeit schaffen – Die Kraft des „ora"

Das gemeinsame Gebet schafft Verbundenheit. Wenn die Glocke im Kloster ruft, soll jeder seine Arbeit liegen lassen und sich mit den anderen in der Kirche versammeln. Es ist beeindruckend, manchmal auch amüsant, zu beobachten, wie beim Geläut plötzlich Ordensleute aus allen Ecken und den unterschiedlichsten Gebäuden auftauchen und sich raschen Schritts auf den Weg zur Kirche machen. Da mag die Arbeit noch so wichtig sein, das Gebet hat oberste Priorität. So besteht keine Gefahr, dass man mit der Arbeit quasi verheiratet ist. Man lernt loszulassen und organisiert sich einfach besser.

Im Singen kommen die Klostergemeinschaft und die anderen am Chorgebet teilnehmenden Menschen sozusagen miteinander in Schwingung. Das gemeinsame Rezitieren der Psalmen ist ein Atemholen für Leib und Seele. Das

Wiederholen der Verse wirkt wie eine Meditation, durch die man sich für eine kurze Zeit von der Alltagsebene entfernt. Und noch etwas verspürt man: Die Zusammenkünfte in der Klosterkirche schaffen ein Gemeinschaftsgefühl. Man merkt, dass man nicht alleine ist, sondern durch die Gemeinschaft mitgetragen wird. Gerade in unserer Gesellschaft, in der die Singlehaushalte immer mehr zunehmen und ein Trend zur Individualisierung erkennbar ist, ist ein solches Gemeinschaftsgefühl besonders wertvoll. Nicht ohne Grund sind gerade an hohen kirchlichen Feiertagen wie Weihnachten und Ostern sehr viele alleinstehende Menschen im Kloster zu Gast.

Wenn ich um die Mittagszeit in der Nähe eines Klosters bin und das 12-Uhr-Geläut höre, weiß ich, dass ich in der Klosterkirche oder einem Gebetsraum die Nonnen oder Mönche antreffen werde, die sich zum Gebet versammelt haben. Normalerweise kann ich mich ihnen ohne Voranmeldung anschließen, unabhängig davon, in welcher Region oder welchem Land ich mich auch gerade befinde. Darauf kann ich mich in der Regel verlassen. Diese Zuverlässigkeit vermittelt eine Art Heimatgefühl. Und es ist eine besondere Form der Beständigkeit, denn seit Jahrhunderten bereits versammeln sich Ordensleute in der Kirche zum gemeinsamen Gebet. Pater Mauritius Wilde, Mitglied der Benediktinergemeinschaft von Münsterschwarzach und mittlerweile Prior einer amerikanischen Niederlassung der Abtei in Schuyler, Nebraska, sagte mir einmal: „Das Motto ‚ora et labora' ist zeitlos und demonstriert dadurch Beständigkeit. Es hat sich über Jahrhunderte bewährt."[27]

## Der Wert der Arbeit

Auch die Arbeitsphasen sind in der Regel Benedikts klar definiert. Das ganze gemeinschaftliche Leben sollte nach einem festen Schema ablaufen. Die Arbeit im Verbund der Ordensleute schafft ebenfalls ein Gemeinschaftsgefühl. Ob das Ordensmitglied eine Arbeit gemeinsam mit Mitschwestern oder Mitbrüdern verrichtet oder alleine, es weiß: Seine Arbeit dient dem Wohl der ganzen Klostergemeinschaft. „Wir leben in einer Art kommunistischem System", sagte mir einmal schmunzelnd Abt Michael Reepen von Münsterschwarzach. Vereinfacht gesagt bedeutet dies: Was der Einzelne erwirtschaftet, fließt in eine Gemeinschaftskasse, aus der wiederum die laufenden Ausgaben des Klosters bestritten werden. So ist jeder auch dem Gemeinwohl verpflichtet. Damit sich einzelne Ordensleute nicht zu sehr mit ihrer Arbeit identifizieren, gibt es in vielen Klöstern mit ausreichend Mitgliedern eine Art rotierendes System. Alle paar Jahre nehmen die Nonnen oder Mönche andere Aufgaben wahr. Dies hat auch den Vorteil, dass sie flexibel bleiben.

In seiner Regel weist der heilige Benedikt auch darauf hin, dass die alten Mitglieder der Gemeinschaft in Arbeitsprozesse mit eingebunden werden und solche Aufgaben verrichten sollen, denen sie gewachsen sind. So ist es an der Tagesordnung, dass man betagte Ordensleute beispielsweise an der Pforte oder in der Telefonzentrale sieht. Sie können dort noch zum Wohl der ganzen Gemeinschaft tätig sein und werden nicht aufs Altenteil abgeschoben. Ein Konzept, das auch für unsere alternde Gesellschaft außerhalb der Klostermauern Tragfähigkeit haben kann.

Auch die jungen Menschen, so Benedikt, sollen im Kloster trotz ihres jugendlichen Alters Achtung erfahren, denn gerade der unbedarfte, ungetrübte Blick von außen kann zu einem besseren Urteilsvermögen führen. „Nirgendwo darf das Lebensalter für die Rangordnung den Ausschlag geben oder sie von vornherein bestimmen, haben doch Samuel und Daniel, obgleich noch jung, Gericht über die Ältesten gehalten." [28]

Als oberste Prämisse legt der Ordensvater fest: „Sie (= die Mitbrüder) sollen einander in gegenseitiger Achtung zuvorkommen; ihre körperlichen und charakterlichen Schwächen sollen sie mit unerschöpflicher Geduld ertragen; im gegenseitigen Gehorsam sollen sie miteinander wetteifern; keiner achte auf das eigene Wohl, sondern mehr auf das des anderen; die Bruderliebe sollen sie einander selbstlos erweisen." [29]

## Die klösterliche Tagesstruktur

Für uns Menschen des 21. Jahrhunderts mag eine solch engmaschige Struktur, wie sie den Klosteralltag prägt, einengend erscheinen. Aber die Botschaft des heiligen Benedikt ist eindeutig und heute aktueller denn je: Alles sollte zur rechten Zeit und in ausgewogenem Maß erfolgen. Nichts sollte überhandgewinnen, weder die Arbeit noch die kontemplativen Phasen. Eine Botschaft, die übrigens nicht nur für Ordensmitglieder gilt. Sie führt zu mehr Gelassenheit im Leben.

Zwei weitere wesentliche Dinge kann man aus dem Klosteralltag lernen. Dies ist einmal der Start in den Tag. Am Morgen nehmen sich die Ordensleute neben dem gemeinschaftlichen Gebet und dem Frühstück noch eine halbe Stunde Zeit für Meditation und geistliche Lesung. Ganz in Ruhe halten sie dann sozusagen Einkehr bei sich selbst. Dies bewahrt davor, den Morgen gleich in Hektik zu starten. Denn die Erfahrung lehrt, dass ein Tag, der mit Zeitdruck beginnt, sich auch entsprechend fortsetzt.

Ein weiterer wichtiger Impuls ist die Gestaltung des Abends. Im Kloster wird der Tag durch das gemeinschaftliche Gebet beendet. Die Gestaltung der letzten Stunden vor der Nachtruhe bleibt dem einzelnen Ordensmitglied vorbehalten. In unserer Gesellschaft genießen solche Menschen hohes Ansehen, die viel arbeiten und auch die Abendstunden im Büro verbringen. Sie sind vermeintlich unentbehrlich. Wenn sie dann nach Hause kommen und ins Bett fallen, wundern sie sich, dass sie nicht einschlafen können. Die Gedanken kreisen nach wie vor um die Dinge, die sie bis in die späten Abendstunden beschäftigt haben.

Dabei gibt es zahlreiche Rituale, die helfen, dass man zur Ruhe kommt. Ein Tagebuch der positiven Erlebnisse beispielsweise, in das man die Dinge einträgt, die einem an diesem Tage besondere Freude gemacht haben. Auch entspannende Lektüre, kontemplative Musik oder ein

Abendspaziergang schaffen Abstand zum Alltag, bringen Ruhe und Gelassenheit.

Und noch etwas ganz Wesentliches birgt diese klösterliche Struktur: Der Tagesablauf wird nicht immer wieder neu erfunden, denn er liegt seit Langem fest. So muss man sich nicht täglich neu organisieren. Man weiß genau, wann man die Mitglieder der Klostergemeinschaft am Arbeitsplatz antreffen kann. Man hat konkret festgelegte Essenszeiten und kann die Mahlzeiten nicht immer wieder verschieben oder gar unter den Tisch fallen lassen. Und man hat Phasen, in denen man zur Ruhe kommt.

Natürlich können wir die klösterliche Tagesstruktur nicht eins zu eins in unsere Welt übertragen. Aber wichtige Impulse können wir durchaus übernehmen.

So kann eine Hausfrau mit kleinen Kindern, deren Tagesablauf in der Regel ja eng getaktet ist, sich kleine Auszeiten in den Alltag einbauen. Wenn die Kinder in Hort, Kindergarten oder Schule sind, kann sie sich am Vormittag beispielsweise eine halbe Stunde Zeit für Dinge nehmen, zu denen sie tagsüber nicht kommt: Zeitung lesen, Yogaübungen oder eine Runde um den Block gehen. Am Abend, wenn der Partner zu Hause ist, bietet sich dann vielleicht noch einmal die Möglichkeit, eine Zeitspanne für rekreative Dinge einzubauen – Lesen beispielsweise, Sport oder einen Film anschauen. Wie die Ordensleute muss man diese Auszeiten im Tagesablauf fest institutionalisieren, damit es nicht nur bei guten Vorsätzen bleibt. Auch das Gemeinschaftliche muss im Alltag seinen festen Platz haben. Das kann beispielsweise das Abendessen sein oder eine sonstige Mahlzeit, an der alle Familienmitglieder teilnehmen können. Es kann das sonntägliche ausgiebige Frühstück sein oder die Radtour am Wochenende. Was man zusammen unternimmt, fördert die Verbundenheit. Es ist daher wichtig, dass Partner und Familien solche „Gemeinschaftsprojekte" haben.

Berufstätige sollten sich ebenfalls nach Möglichkeit ein festes Tagesraster schaffen, bei dem selbstverständlich auch kleine Pausen zum Atemholen mit eingebaut werden sollen. Dann weiß man genau, wann die Arbeit für kurze Zeit unterbrochen wird, und kann sich auf diese kleinen Auszeiten freuen.

Abstand zu bekommen, die Arbeit nicht zum einzigen Mittelpunkt des Tages oder vielleicht des ganzen Lebens werden zu lassen, alles im „rechten Maß" auszuführen, wie es der heilige Benedikt nennt, das ist die Idee des „ora et labora", die wir uns auch außerhalb der Klostermauern zu Eigen machen können.

*Im Gebet „hören die Mönche miteinander auf die Stimme Gottes – und die Beziehungen untereinander wachsen in der gemeinsamen Erkenntnis, dass es Gott gibt. Diese Grundhaltung ist auch in der Gegenwart lebensnotwendig: Das Gebet mit dem Ehegatten, in der Familie, in der Glaubensgemeinschaft ist die spirituelle Vorbereitung auf die Ernstfälle des Lebens. Dazu müssen gar nicht viele Worte gemacht werden, statt der Wortgebete kann man auch gemeinsam schweigen – oder singen."*
*Johannes Pausch OSB (geb. 1949)[30]*

# Stopps im Alltag: Lektüre, Meditation, Rituale

Neulich erzählte mir eine gute Bekannte: „Meine Mutter sagte mir immer, ich solle, wenn ich innerhalb des Hauses etwas von einem Raum zum anderen brachte, darauf achten, dass ich auf dem Rückweg nicht mit leeren Händen ginge. Ich sollte schauen, ob ich nicht im Vorbeigehen noch etwas anderes erledigen könnte. Es sollte kein Leerlauf entstehen. So bin ich noch heute gepolt. Wenn ich mich einmal hinsetze und versuche, einfach nichts zu tun, habe ich ein schlechtes Gewissen."

Das geht vielen Menschen ähnlich. Wer in Bewegung ist, gilt meist als aktiver Zeitgenosse. Und wird damit positiv bewertet. Die Menschen, die innehalten und ruhen, gelten oft als Müßiggänger. Warum ist das eigentlich so? Haben wir Angst davor, dass Ruhe einkehrt und wir mit uns selbst konfrontiert werden? Oft wird Zeitmangel als Begründung vorgeschoben, warum man nicht zur Ruhe kommt. Ständige Beschäftigung kann aber möglicherweise auch Flucht sein.

„Nimm dir jeden Tag eine halbe Stunde Zeit zum Gebet, außer wenn du viel zu tun hast, dann reserviere dir eine ganze Stunde." Dieser Ratschlag ist von Franz von Sales (1567–1622) überliefert. Auf den ersten Blick scheint er widersprüchlich, aber er enthält einen weisen Gedanken: Wer viel arbeitet und leistet, braucht auch entsprechend viele Stopps im Alltag. Um zur Ruhe zu kommen, um neue Inspirationen zu erhalten und neue Kraft schöpfen zu können. Denn sonst wird er im Hamsterrad eines Tages durchdrehen. Bewährte klösterliche Tagesstrukturen sind daher sehr weitsichtig.

Im 6. Jahrhundert nach Christus schrieb der Ordensvater Benedikt seine Regel. Den nachfolgenden Mitbrüdern vermittelte er darin seine geistliche Lehre. Benedikts Idee war es, den nächsten Generationen ein Konzept an die Hand zu geben, nach dem sie ihren monastischen Alltag in unterschiedlichen Gemeinschaften und an verschiedenen Orten gestalten konnten. Die Vision, die der Ordensvater damals hatte, ist aufgegangen. Denn noch heute leben Ordensgemeinschaften weltweit nach der Regel des heiligen Benedikt.

Sie hat Modellcharakter, das heißt, es gibt Eckpfeiler. Die konkrete Ausgestaltung des Alltags bleibt aber der einzelnen Gemeinschaft überlassen. Alles ist auf ein Leben nach Maß ausgerichtet, man soll also sowohl das Zuviel als auch das Zuwenig in allen Handlungen vermeiden.

Der klar strukturierte Tagesablauf ist ein klösterliches Lebensprinzip, das auch für andere Orden gilt, nicht nur für Benediktiner. Immer wieder legen sie im Verlauf eines Tages die Arbeit nieder und versammeln sich zum gemeinsamen Gebet. Hinzu kommen Phasen der persönlichen geistlichen Lesung und der Meditation. Diese Stopps im Arbeitsalltag sind ein phantastisches Mittel zur Entschleunigung. Deshalb können wir dieses Prinzip der klösterlichen Welt auch für unsere Gesellschaft nutzen.

## Meditation – Ein Weg zu mehr Achtsamkeit

Eine klare Tagesordnung, der Wechsel zwischen Arbeitsphasen und Zeiten der Entspannung, zwischen Bewegung und Innehalten ist der Weg zur inneren Ruhe und Ausgeglichenheit. Dieser Rhythmus bringt den Menschen innerlich in Ordnung. Eine Form, zur inneren Ruhe zu kommen, ist die Meditation. Der Aufbruch in die innere Stille ist für uns ein Mittel, um den täglichen Anforderungen in unserer hektischen Zeit gerecht werden zu können.

Die Meditation ist eine spirituelle Übung, die auch von Ordensleuten regelmäßig praktiziert wird. Ich hatte das Glück, immer wieder einmal mit Menschen aus Klöstern meditieren zu können, und habe dabei viel gelernt.

Zum Beispiel, dass der Weg in die innere Stille sehr vielfältig sein kann. Er ist so unterschiedlich, wie wir Menschen sind. Wenn man die Meditation regelmäßig praktiziert, entdeckt man immer wieder neue Wege, wie man Einkehr bei sich selbst halten kann. Das ist das Spannende daran. Manchmal kann man sich sehr rasch von der äußeren Welt in die innere begeben. An anderen Tagen gelingt die Konzentration nur mit Mühe. Das geht auch im Meditieren sehr erfahrenen Menschen so. Man lernt dabei sehr viel über sich selbst und seine inneren Befindlichkeiten. Sich zur inneren Einkehr zu zwingen funktioniert nicht. Man wird dann nur frustriert. Vielmehr sollte man, wenn man große Unruhe verspürt, darüber nachdenken, was die Ursache sein könnte. Auch das kann Meditation sein. „Meditation ist kein abgeschlossener Aufsatz, sondern eine Übungsstunde fürs Leben", sagte mir einmal eine 92-jährige Benediktinerin.

Für Meditationsneulinge ist es wichtig, dass sie einen Ort aufsuchen, der äußere Ruhe bietet. Dies ist die Voraussetzung für den Weg nach innen. Und sie sollten sich durch erfahrene Menschen leiten lassen. Eine einfühlsame Einführung und eine entsprechende Führung durch die Meditation sind wichtige Hilfestellungen für den Anfang. Meditationsabende werden beispielsweise in Pfarrgemeinden oder auch Volkshochschulen, natürlich auch in Klöstern regelmäßig angeboten.

In Meditation Erfahrene können oft selbst an belebten Plätzen in einem lauten Umfeld innere Einkehr halten. Wichtig ist, jeden Tag eine gewisse Zeit dafür zu blockieren. Dann kann Meditation heilsame Wirkung haben.

Viele Menschen bevorzugen die Meditation am frühen Morgen. „Dann bin ich noch offen und nicht belastet von den ganzen Aktivitäten des Tages", sagte mir eine Physiotherapeutin, die regelmäßig meditiert. „Mein Kopf ist noch frei, ich kann den vor mir liegenden Tag dann gelassen ins Auge fassen." In der Ruhe des frühen Morgens hat man die Chance, sich ganz auf sein Inneres zu konzentrieren. Dann kann man gedanklich Stunde für Stunde den Tag durchgehen. Die Aufgaben, die vor einem liegen, ohne Hektik innerlich betrachten und dann wieder zur Seite legen. Manchmal kommt ein Impuls, wie man eine Sache anders organisieren oder ein Problem lösen könnte. Im Tagesverlauf arbeitet man Dinge oft nur ab, ohne darüber nachdenken zu können, ob das Vorgehen im Einzelfall wirklich optimal und sinnvoll ist.

Die Erfahrung der Meditation kann einen dann durch den ganzen Tag tragen. „Wie ich aufstehe, so lebe ich den ganzen Tag", sagt der Volksmund. Diese Erfahrung hat sicherlich jeder von uns schon gemacht, wenn er einmal mit dem „linken Bein aufgestanden" ist.

Auch für eine Abendmeditation sprechen viele Argumente. Man kann den Tag noch einmal Revue passieren lassen und so die Dinge, die einen beschäftigten, gedanklich ablegen. Dies ist eine gute Vorbereitung auf die Nachtruhe.

Jeder muss für sich selbst nachspüren, welche Tageszeit für ihn am besten zur Meditation geeignet ist. Möglicherweise kann dies auch die Tagesmitte sein. Wichtig ist jedoch, eine bestimmte Uhrzeit festzulegen, zu der man sich zurückziehen kann, und nicht zu ständig wechselnden Zeiten mit der Meditation zu beginnen. Denn dann droht die Gefahr, dass man sie irgendwann einmal ganz unter den Tisch fallen lässt.

Wie lange man sich täglich Zeit nehmen kann oder möchte, muss jeder für sich selbst entscheiden. Zehn Minuten sollten es aber mindestens sein, optimal wäre eine halbe Stunde. Man kann auch in kleinen Schritten beginnen und die Zeit ausdehnen, wenn man mehr Erfahrung gesammelt hat. Wichtig ist die Regelmäßigkeit. Manchmal passiert es, dass einem 15 Minuten wie eine Ewigkeit vorkommen, ein anderes Mal reichen 30 Minuten kaum. Es kommt eben auf die jeweilige Befindlichkeit an. In Meditation Erfahrene können auch für wenige Minuten eine Reise in ihr Inneres unternehmen.

„Die Meditation hilft mir, die Bodenhaftung nicht zu verlieren und Wegweisungen fürs tägliche Leben zu bekommen. So kann ich mich im Laufe der Zeit immer besser kennenlernen", erzählte mir einmal eine Klosternovizin. Ich denke, damit hat sie den Kern der Meditation sehr gut auf den Punkt gebracht.

Meditation ist der Weg nach innen. Und wer aus seinem inneren Reichtum schöpfen kann, dem wird an einem Tag ohne Meditation etwas Wesentliches fehlen. Wer regelmäßig meditiert, lebt mehr aus seiner Mitte heraus. Er achtet mehr auf sich, die Wahl seiner Worte und seine Handlungen. So kann er auch achtsamer mit den Mitmenschen umgehen.

## Lektüre bereichert das Leben

Ein Buch kann wie eine Reise in andere Welten sein. Es kann uns aus dem Alltag hinausführen auf andere Kontinente. Es kann uns unbekannte Lebensumstände schildern und mit ungewohnten Situationen konfrontieren. Und dies alles, ohne dass wir uns von der Stelle bewegen müssen.

Wenn wir traurig sind, kann uns Lektüre erheitern. Wenn wir mutlos sind, kann sie uns Kraft geben. Wenn wir müde sind, kann sie uns wachrütteln. Wenn wir neugierig sind, kann sie uns Wissen vermitteln. Lesen regt die

Phantasie an. In Büchern zu stöbern, bringt uns auf neue Gedanken und öffnet uns Horizonte. Lektüre bildet und bereichert – immer vorausgesetzt, dass wir uns mit der passenden Lektüre beschäftigen.

Ich habe eine Freundin, die bereits weit über achtzig Jahre alt und nicht mehr so beweglich ist. Für sie sind Bücher wie ein Lebenselixier, sie bleibt damit geistig mobil, kann sich in andere Welten begeben und lernt immer noch dazu. Wer liest, läuft eben weniger Gefahr einzurosten, denn sein Geist bleibt rege. Und wer viel liest, merkt auch, dass er seine eigenen Gedanken und seine Sprache weiterentwickeln kann. Insofern ist Lesen natürlich auch für Kinder und Jugendliche ganz wichtig. Die Begeisterung für das Lesen kann man schon ganz früh wecken, indem man Kleinkindern vorliest. Das ist oft spannend für Zuhörer und Vorleser.

Für mich ist es ein herrlicher Moment, wenn ich mir Zeit nehmen und mich mit einem Buch aufs Sofa legen kann. Dann kann ich abschalten und mich völlig in meine Lektüre versenken, egal, was um mich herum passiert. Ich merke dann gar nicht, wie die Zeit vergeht. Wer das Lesen ebenfalls liebt, kann es sicher nachvollziehen, wie man bei einem spannenden Text Seite um Seite in sich aufsaugt. Einerseits giert man danach zu wissen, wie es weitergeht, andererseits ist man ein wenig traurig, wenn man ein fesselndes Buch zu Ende gelesen hat und zur Seite legen muss.

Wenn ich unterwegs bin, habe ich meist ein Buch dabei. Manchmal habe ich überraschend etwas Zeit zwischen Terminen, oder ich muss auf jemanden, der nicht ganz pünktlich ist, warten. Dann ärgere ich mich nicht, sondern freue mich über die unverhoffte Zeit, die mir zum Lesen geschenkt wird. Bücher sind Lebens- oder zumindest Lebensabschnittsbegleiter. Bei vielen Menschen liegen sie auf dem Nachttisch. Sie können nicht einschlafen, ohne etwas gelesen zu haben.

Besonders spannend finde ich es, sich mit Freunden über Bücher auszutauschen. Plötzlich entdeckt man in einem Band neue Aspekte, blättert vielleicht noch einmal nach und liest die eine oder andere Passage aus anderem Blickwinkel. Oft wird man in solchen Gesprächen auch auf Bücher oder Autoren aufmerksam gemacht, die man sonst vielleicht nicht beachtet hätte. Dies kommt mir vor wie das Teilen von geistiger Nahrung. Wenn sich mit neuen Bekannten ein Gespräch über den Lesestoff ergibt, den man bevorzugt, kann man oft feststellen, ob man auf einer Wellenlänge liegt. Bücher fördern die Kommunikation und die Verbundenheit.

An vielen Orten gibt es Literaturkreise, die zum Teil von Institutionen wie beispielsweise der Volkshochschule angeboten, zum Teil aber auch privat organisiert werden. Dort diskutieren die Teilnehmer über Bücher, die jeder vorher gelesen hat. „In unserer Gruppe kann jeder Bücher vorschlagen, wir stimmen dann gemeinsam darüber ab, was wir für das nächste Treffen lesen möchten", erzählte mir eine Freundin, die seit mehreren Jahrzehnten einen Literaturkreis an ihrem Wohnort organisiert.

Lektüre ist nicht nur Nahrung für den Geist, sondern auch Balsam für die Seele.

## Rituale können heilsam sein

Jeder von uns hat Rituale. Und bei jedem sehen sie ein wenig anders aus. Das kann die Tasse Kaffee am Morgen mit dem Partner sein, der Saunabesuch am Freitagabend, das jährliche Kollegentreffen oder die Gestaltung von Feiertagen. Rituale sind quasi lebensnotwendig, sie geben dem Leben einen Rahmen. Und sie geben uns Halt und Geborgenheit. Menschen, die keine Rituale pflegen, haben nichts, an dem sie sich festhalten können.

Oft sind uns unsere Rituale gar nicht bewusst. Das Gläschen Wein am Abend oder der regelmäßige Kinobesuch mit der Freundin gehören eben fest zu unserem Alltag, ohne dass wir groß darüber nachdenken. Deutlich wird uns dies erst, wenn lieb gewonnene Rituale wegfallen. Dann fehlt uns etwas. Gerade in unserer hektischen Welt sind Rituale Zeugen von Beständigkeit. Ein Musiker, der im Jahr rund 100 Konzerte gibt, erzählte mir einmal von seinem Ritual. Da er viele Wochen im Jahr auf Tour ist, hat ihm seine Frau eine Kuscheldecke geschenkt: „Wenn ich in ein Hotelzimmer komme, lege ich sie als Erstes aufs Bett. Das ist die Verbindung zu meiner Frau und gibt mir ein Heimatgefühl."

Rituale vermitteln uns eben auch ein Heimatgefühl. Sie sind ein Garant für Zuverlässigkeit und helfen uns, Wurzeln zu bilden. Auch wenn wir nicht in unserem Zuhause sind.

Ganz deutlich werden Rituale zum Beispiel in der Kirche. Der Ablauf der Gottesdienste, die ganzen Riten sind seit langer Zeit festgelegt. Regelmäßige Kirchenbesucher haben den Ablauf verinnerlicht. Sie kennen jede Phase, jedes Gebet und viele Liedtexte. Dieser Rhythmus hat etwas Heilsames, Beruhigendes. Denn ich kann mich darauf verlassen, dass dieser Ritus sich immer wiederholt. So kann ich irgendeine christliche Kirche in einem anderen Land aufsuchen, dort am Gottesdienst teilnehmen und mich sogleich heimisch fühlen, obwohl ich vorher noch nie dort war.

So schafft auch der Rhythmus des Kirchenjahres Vertrautheit. Die Regelmäßigkeit des Ablaufs – mit Advent, Weihnachten, der Fastenzeit, Ostern und den weiteren kirchlichen Festen – gibt den Menschen Sicherheit. Dieser Rhythmus hat etwas Beruhigendes, denn man kann sich darauf verlassen.

So sind Rituale Fixpunkte im Leben, auf die man sich freuen kann. Sie vermitteln auch das Gefühl der eigenen Identität: Ich weiß, was ich brauche, und danach lebe ich. In einer Welt voller Unsicherheiten bringen sie ein notwendiges Maß an Vertrautheit. „Manchmal haben wir das Gefühl, ausgesaugt zu werden von den vielen Menschen, die etwas von uns wollen. Da brauchen wir als Gegengewicht gesunde Rituale", beschreibt Anselm Grün.[31] Rituale geben unserem Leben eine Ordnung und sind eine große Bereicherung.

Ein sehr schönes Ritual hat sich beispielsweise eine Gruppe von mehreren Familien aus dem Stuttgarter Raum geschaffen. Jeden ersten Samstag im Monat trifft sie sich zu einer Wanderung. Am Ende der Tour wird der Treffpunkt fürs nächste Mal verabredet. Es sind nicht immer alle dabei, aber man kann sicher sein, einen Teil der Wanderfreunde am Startpunkt zu treffen. Während der Tour kann man sich unterwegs mit jedem einmal austauschen. Und ist das Wetter einmal nicht so gut, fällt die Einkehr eben länger aus. Diese Gruppe hat seit vielen Jahren Bestand.

Ich kenne einen kleinen Kiosk am Waldrand, an dem täglich spontane Treffen stattfinden. Dort ist immer etwas los. Jung und Alt kommen da zusammen, mal zu Fuß, mal mit dem Fahrrad. Es ist klar, dass man hier immer jemanden treffen wird, den man kennt. So muss man sich nicht eigens verabreden. Und ist der Kiosk mal geschlossen, verpflegt man sich eben mit selbst gebackenem Kuchen und mitgebrachten Getränken.

Zu meinen Ritualen gehört der Abendspaziergang. Wenn keine anderen Termine anliegen, gehe ich mit meinem Mann nach dem Abendessen noch an die frische Luft. Dann drehen wir eine Runde, ganz gleich, ob es regnet oder schneit. Unterwegs tauschen wir unsere Tageserlebnisse aus. An der frischen Luft wird der Kopf frei und manche Entscheidung einfacher. Manchmal schweigen wir auch und achten auf die Geräusche der Natur. Unser Abendspaziergang dauert hin und wieder nur 20 Minuten, manchmal aber auch mehr als eine Stunde, je nachdem, wie uns zumute ist. Danach fühlen wir uns irgendwie leichter und verspüren eine angenehme Müdigkeit.

Manchmal können Rituale allerdings auch den Sinn verlieren. Kürzlich erzählte mir die Redakteurin einer

Frauenzeitschrift: „Ich rufe jeden Morgen meine alte Mutter an. Manchmal wird mir das ein wenig lästig, weil ich auch gar nicht immer so recht weiß, was ich mit ihr reden soll. Und ich habe auch das Gefühl, dass diese Telefonate für meine Mutter oft nur eine Verpflichtung sind." Vielleicht wäre es besser, die beiden würden nur ein- oder zweimal pro Woche telefonieren, dann hätten sie sich womöglich mehr zu sagen. Mit Ritualen muss man eben auch achtsam umgehen und sie immer wieder hinterfragen. Was zu manchen Zeiten sicher gut und sinnvoll ist, muss dies nicht auf immer sein. Deshalb sollte man nicht erstarren und auch einmal den Mut haben, auf eingefahrene Rituale zu verzichten. Und dies mit den betroffenen Mitmenschen offen besprechen. Vielleicht haben sie auch schon lange das Gefühl, etwas ändern zu wollen.

Rituale sollte jeder Mensch haben, sie geben dem Leben eine Struktur. Es dürfen jedoch nicht zu viele sein, sonst wirken sie wie ein Korsett, das einengt und die Luft zum Atmen raubt.

Auch im Hinblick auf Rituale muss man in Bewegung bleiben und darf nicht erstarren. Denn das Leben ist ein Unterwegssein.

*„Es gibt Dinge im Leben, die niemals sterben*
*und immer eine Quelle der Freude für uns*
*sein werden, solange wir sie pflegen."*
Joan Chittister (geb. 1936)

## Mit allen Sinnen wahrnehmen:
## Ein offenes Ohr, ein kluges Auge, ein weites
## Herz, ein sensibles Gespür

Vor einer Weile habe ich eine Freundin in Neapel besucht. Sie wurde dort geboren und liebt ihre Heimat. Auch ich kann dem geschäftigen Treiben der Hafenstadt, ihren historischen Bauwerken, den Museen und der herrlichen Lage am Golf von Neapel durchaus etwas abgewinnen. Woran ich mich aber immer wieder neu gewöhnen muss, wenn ich aus Flugzeug oder Zug steige, sind Lärm, Staub, Abfälle und das Verhalten der Verkehrsteilnehmer. Wie ein Sturm brechen alle Geräusche und Gerüche, die ganze Hektik dieser aktiven Stadt über mich herein. Es bedarf einer kurzen Gewöhnungsphase, bis ich mich dem Treiben anpasse und im Fluss mitschwimme. Andernfalls, so habe ich das Gefühl, würde ich von allem, was auf mich hereinströmt, völlig überrollt.

Als ich aus Neapel zurückkam, habe ich meine gewohnte Umgebung ganz neu wahrgenommen. Am Morgen wachte ich früh auf. Nicht, weil mich Straßenlärm weckte, sondern weil ich die Ruhe förmlich verspürte. Sie raubte mir – im übertragenen Sinne – den Schlaf. Ich wachte auf, weil ich keine Geräusche hörte, außer dem Gezwitscher der Vögel. Ganz früh am Morgen ging ich in den Garten, setzte mich hin und sog die Ruhe förmlich in mich auf. Und betrachtete die Blumen und Pflanzen in meinem Garten, die Vögel und Insekten mit völlig neuen Augen.

Mit allen Sinnen habe ich die Schönheit der Natur wahrgenommen. „Die Augen sind die Wege des Menschen, die Nase seine Weisheit. Und so ist der Mensch auch an seinen übrigen Gliedern gestaltet", schrieb die heilige Hildegard von Bingen.[32]

Zu jeder Jahreszeit bietet die Natur ein überraschendes Farbenspiel. Im Frühjahr brechen Blätter und Knospen mit aller Macht hervor und bringen Farben zutage, die man über die dunklen Monate schon fast vergessen hatte. Im Sommer machen sich die vielen Blumen und Gewächse mit ihrem Farbenrausch fast Konkurrenz. Im Herbst färben sich die Blätter bunt und die Beeren setzen die letzten Farbtupfer. Selbst im Winter lugen immergrüne Gewächse aus der Schneedecke hervor.

Wer sich früh am Morgen oder am Abend einen Spaziergang in der Natur gönnt, wird gerade zu diesen Tageszeiten die Düfte wahrnehmen können, die in der Luft liegen. Blütengeruch, eine frisch gemähte Sommerwiese, das reife Obst, das im Herbst an den Bäumen hängt. Und selbst Schnee hat einen ganz eigenen Geruch. Gerüche rufen Erinnerungen wach, an die Kindheit, in der man auf der Wiese herumtollte oder in Bäume kletterte. An Schneeballschlachten oder das Ernten von Früchten. Dann wird das Herz weit.

Die Stille der Natur, so dachte ich mir bei meinem morgendlichen Ausflug in den eigenen Garten, mag jemanden, der nur an Stadtlärm gewöhnt ist, verunsichern. Die Ruhe kann dann sogar bedrohlich wirken, denn der Mensch wird mit sich selbst konfrontiert und nicht durch

Hektik abgelenkt. Mein Erlebnis mit Neapel hat mir wieder einmal gezeigt, wie wichtig es ist, regelmäßig die Sinne zu schärfen. Man muss dafür keine spektakulären Reisen zu außergewöhnlichen Zielen unternehmen, denn unser eigenes Umfeld bietet genügend Überraschungen. „Warum denn in die Ferne schweifen, sieh', das Gute liegt so nah", heißt es in einem Goethe-Gedicht. Die Natur kann nicht nur unsere Sinne schärfen, sondern auch unser Verhalten sensibilisieren.

## Ein offenes Ohr

Hildegard von Bingen hat die Natur als Lehrmeisterin des Menschen bezeichnet. Draußen können wir auch lernen, wie wichtig es ist, einen achtsamen Umgang zu pflegen.

Setzen Sie sich einmal auf eine Bank am Waldrand oder legen Sie sich auf eine Sommerwiese. Schließen Sie die Augen und lauschen Sie den Geräuschen, die Sie umgeben. Das Rauschen der Blätter in den Bäumen über Ihnen, das Gesurre der Insekten, die die Blüten neben Ihnen anfliegen, den Lufthauch des Windes, der Ihnen über das Gesicht streicht – all das bemerken Sie jetzt ganz genau. Sie werden das Geplätschere des Bachs in Ihrer Nähe hören und das Gezwitschere der Vögel über Ihnen. Zu selten wird einem dies derart bewusst. Wie beruhigend und zugleich stimulierend werden Sie all das empfinden, wenn Sie bereit sind, alles in sich aufzunehmen.

Diesen Ausflug in die Natur können Sie zu jeder Jahreszeit unternehmen. Es muss keine langwierige Unternehmung sein. Wenn es in der Umgebung Ihres Zuhauses ein stilles Plätzchen an der frischen Luft gibt, können Sie ja ohne Weiteres kurze Ausflüge dorthin unternehmen. Sie werden überrascht sein, wie unterschiedlich die Geräusche der Natur in den verschiedenen Jahreszeiten sind. Im Winter kann man beispielsweise das Knirschen des Schnees hören, auch die Geräusche des Wassers werden deutlicher, wenn kein Vogelgezwitscher in der Luft ist. So hat jede Jahreszeit ihre eigene Melodie.

Im übertragenen Sinne gilt das, was Sie in der Natur praktizieren, auch für den achtsamen Umgang miteinander: sich auf den anderen konzentrieren, hinhören und das, was er Ihnen mitzuteilen hat, in sich aufnehmen.

## Ein kluges Auge

Die Natur kann uns mit ihrer Pracht überwältigen. Sicher hat schon jeder von uns einmal einen Sonnenaufgang beobachtet. Besonders faszinierend ist dies am Meer, wenn der Sonnenball allmählich am Horizont auftaucht und seine Farbe von Orange zu einem kräftigen Gelb wechselt. Lassen Sie sich von der Sonne bestrahlen und nehmen Sie die Wärme mit allen Sinnen auf. Wenn man achtsam ist, spürt man die Sonne nicht nur auf der Haut, sondern merkt, wie sie sich im ganzen Körper ausbreitet und das Herz leichter werden lässt.

Jeder von uns erlebt immer wieder herrliche Momente des Abendrots, wenn der Himmel gefärbt ist. Im Gebirge kann man wunderbar beobachten, wie die Farben die Felszacken umspielen, und die Sonne langsam hinter den Gipfeln versinkt. Das sind Momente, in denen man alles um sich herum vergisst und einfach nur schaut.

Mitte Juni war ich aus beruflichen Gründen in Holland. Die Sonne ging erst gegen 23 Uhr unter. Auf meinem Bett liegend konnte ich vor dem Fenster den Sonnenuntergang erleben. Das war schöner als jeder spannende Kinofilm.

Nehmen Sie sich einmal bei Sonnenuntergang an einem sonnigen Sommertag die Zeit und setzen Sie sich an einen See, einen Fluss, auf einen Hügel oder an ein anderes Plätzchen in der Natur, an dem Sie ungestört sind. Beobachten Sie, wie die untergehende Sonne die Natur in immer neue Farben taucht und vor Ihnen – wie im Kino – ständig neue Bilder vorbeiziehen. Dann spüren Sie, wie gewaltig die Natur ist und wie klein doch im Vergleich die Probleme sind, die uns täglich beschäftigen. Sie verlieren dabei ihre Dimension. Deshalb sollte man immer wieder einmal offenen Auges durch die Natur streifen. Sie lehrt uns den aufmerksamen und achtsamen Umgang miteinander und lässt Kleinkariertes in den Hintergrund rücken.

## Ein weites Herz – ein sensibles Gespür

Die Anforderungen des Alltags sollten uns nicht dazu verleiten, das Träumen zu verlernen. Sich gedanklich hin und wieder in eine andere Welt zu begeben, kann beglückend sein. „Manchmal zeigt sich uns im Traum auch eine ganz andere Welt, eine Welt voller Lebendigkeit und Buntheit. Gerade bei Menschen, die in einer sehr eingeengten Umwelt leben, die von anderen bestimmt und drangsaliert werden, eröffnet sich eine solche Weite, in der sich der Träumende frei und voller Phantasie fühlt. Der Traum zeigt uns dann den inneren Schatz, den uns niemand rauben kann."[33]

Manchmal erinnert man sich in der Früh an einen Traum. Nicht immer ist einem der ganze Ablauf erinnerlich, manchmal bleiben nur noch Bruchstücke haften. Oft schärfen die Träume unser Bewusstsein für bestimmte Ereignisse, die wir erlebt haben oder die noch vor uns liegen. Sie beschäftigen uns im Unterbewusstsein. Es macht Sinn, sich hin und wieder Träume aufzuschreiben und ein wenig zu analysieren. Sie schärfen unser Gespür für das, was uns bewegt, für die Dinge, die wir näher in Augenschein nehmen oder abschließen sollten.

Träume sind manchmal wie ein „siebter Sinn". Sie geben uns Zeichen, wo wir näher hinschauen sollten. Ähnlich ist es mit dem sogenannten „Bauchgefühl". Ich habe es selbst schon hin und wieder erlebt, dass ich in einer bestimmten Situation ganz plötzlich ein merkwürdiges Gefühl im Magen verspürte. Es gab zu diesem Zeitpunkt keinen

Hinweis, dass aus dieser Situation oder auch der Begegnung mit einem bestimmten Menschen etwas Unangenehmes für mich entstehen könnte. Hin und wieder hat sich nach einer Weile jedoch gezeigt, dass mein „siebter Sinn" mich nicht getäuscht hatte. Er deutete eine negative Entwicklung an. Und er zeigte mir, wie wichtig es manchmal ist, das „Bauchgefühl" ein wenig unter die Lupe zu nehmen. Das bedeutet allerdings nicht, Entscheidungen „aus dem Bauch heraus" zu treffen. Auch die Lebenserfahrung vermittelt ein gewisses Gespür für Situationen. Dies ist etwas sehr Positives, denn es erlaubt einem, ein wenig hinter die Oberfläche zu schauen und nicht nur die äußeren Begebenheiten zu beachten. Ich denke da beispielsweise an die eine oder andere Situation, in der die Menschen höflich-freundlich miteinander umgingen, ich aber gleichzeitig eine Kälte im Umgang miteinander verspürte, die darauf hindeutete, dass es verdeckte Konflikte gab. Da heißt es, besonders achtsam zu sein.

## Geduldig mit sich sein

W enn ich einen grünen Zweig in meinem Herzen habe, wird auch ein Vogel kommen und singen", heißt ein chinesisches Sprichwort. Das, was uns die Natur gelehrt hat – sorgfältig zu lauschen, alles genau zu betrachten und die Gerüche in uns aufzunehmen – bedeutet im übertragenen Sinne, Achtsamkeit zu üben. Die Natur kann auch unsere Sinne schärfen für den Umgang miteinander.

So, wie wir auf die Naturerlebnisse eingegangen sind, müssen wir auch auf unsere Seele achten. Wo wir achtsam, ruhig und gelassen sind, kommt die Seele nicht zu kurz. Seelenfrieden kann aber nur entstehen, wenn wir Geduld haben. Auch das Wachstum der Natur lässt sich nur bedingt steuern. Da kann man noch so viele Düngemittel einsetzen und Treibhäuser bauen, den Beginn des Frühlings können wir nicht beschleunigen.

Deshalb: Haben Sie Geduld mit sich selbst. Nicht nur die messbaren Erfolge zählen am Ende des Tages, sondern, ob ich den Tag bewusst gestaltet habe und kein Getriebener war. Ob ich mich den Menschen zugewandt habe, mit denen ich zu tun hatte, und ein offenes Ohr, ein kluges Auge, ein weites Herz und ein sensibles Gespür für ihre Belange hatte.

Und wenn etwas mal nicht so funktioniert, wie Sie sich das gewünscht haben: Akzeptieren Sie Ihre Grenzen und überlegen Sie, woran es gelegen haben könnte. Aus dem Scheitern kann man lernen, daraus kann Neues entstehen.

„*Die geringste Blume, die von Herzen gegeben*
*wird, erzählt eine schöne Geschichte, ein Märchen*
*sonder Maßen von einem Stückchen Himmel auf*
*Erden, wo die Menschen Engel sind, wo alle Ängste,*
*Schmerzen und Tränen ihren Trost finden, wo die*
*Menschen füreinander blühen wie Blumen.*"

*Phil Bosmans (1922–2012)*

# Echt sein –
## Der Weg zu einem authentischen Leben

Viele Menschen suchen nach dem Sinn ihres Lebens. Auf der Suche danach verfolgt so manch einer scheuklappenartig einen Pfad, den er einmal eingeschlagen hat. Er verkrampft sich und merkt dabei nicht, dass dieser Weg ihn in die Irre führen und es viele andere Wege geben kann, die besser, heilsamer und sinnvoller für ihn sein können. Andere verfolgen mal diesen, mal jenen Weg und verzetteln sich.

Keines dieser beiden Extreme kann auf die Dauer zufriedenstellend sein. Sicherlich ist es wichtig, Ziele im Leben zu verfolgen. Darüber hinaus muss man jedoch offen sein gegenüber allem, was einem auf dem Weg zum Ziel begegnet. Allen voran sind dies Mitmenschen, die einen ein Stück des Wegs oder gar den ganzen Weg begleiten. Ihnen muss man mit Achtsamkeit entgegenkommen. Dann können einem auf dem Weg zum Ziel besondere Ereignisse begegnen, überraschende Erlebnisse, die einem die Augen für Neues öffnen – wenn man sie nicht ablehnt, sondern mit Ruhe betrachtet. Es können uns auf dem Weg zum Ziel unsere Befindlichkeiten und Gefühle ein Schnäppchen schlagen, indem sie mit uns Achterbahn fahren. Sie gilt es, immer wieder einmal unter die Lupe zu nehmen. Und schließlich können uns unterwegs auch Dinge begegnen, die am Wegesrand liegen, beispielsweise Pflanzen, Tiere, ein Berggipfel, ein Fluss, das Meer – eben alles, was die Natur für uns bereithält. Wenn wir sie mit allen Sinnen wahrnehmen.

Dabei ist es normal, dass wir unterwegs auf den Pfaden des Lebens auch Fehler machen. Wir bemerken sie meist erst, wenn es schon zu spät ist, und erleben sie als Störfaktoren. Sie sind Sand im Getriebe und können uns in einer Zielgeraden aus der Spur bringen. Aber Fehler werden nicht ausgemerzt oder verbessert, indem wir uns darüber aufregen. Viel wichtiger ist es, ihnen gelassen zu begegnen und daraus zu lernen. Deshalb bringt es niemanden weiter, Geschichten aus der Vergangenheit mit sich herumzuschleppen und zu hadern, sie sind nur Ballast und bremsen einen aus auf dem Weg zu neuen Ufern.

Fehler kann man nur vermeiden, wenn man nichts tut. Dann hat man aber auch keine Chance, dazuzulernen und neue Erfahrungen zu machen. Ich erinnere mich an eine Kommilitonin, die ich über mehrere Semester immer wieder in verschiedenen Seminaren traf. Sie machte nie den Mund auf, stellte keine Fragen und machte keine Anmerkungen. Die Dinge, die sie nicht verstand, versuchte sie, nach den Veranstaltungen unter vier Augen zu klären. „Warum fragst du den Professor nicht direkt während des Seminars, wenn du etwas nicht verstehst?", fragte ich sie. „Weil ich Angst davor habe, etwas Falsches zu fragen und so alle merken, dass ich die Zusammenhänge nicht verstanden habe", war ihre Antwort.

Bloß nichts falsch machen. Wer nach diesem Motto handelt, hat den Weg der Mittelmäßigkeit gewählt. Niemand kann perfekt sein, und aus Fehlern kann man lernen. Wenn man bereit ist, Irrtümer zu erkennen. Fehler kann man auch als eine Art Stoppschild betrachten, das einen zum Bremsen zwingt. Fehler sind Haltepunkte, an denen man über das eigene Leben nachdenken kann. Stoppschilder sind besonders wichtig, wenn man immer wieder die gleichen Fehler macht.

Man muss auch bereit sein, sich eigene Fehler zu verzeihen. „Liebe deinen Nächsten wie dich selbst", heißt es in der Bibel. Selbstliebe und Selbstachtung sind Quellen für den achtsamen Umgang mit sich selbst. Und nur, wer auf sich selbst achtet, so haben wir erfahren, geht auch mit anderen achtsam um. Wenn wir achtsam sind, gibt es irgendwann weniger Stoppschilder im Leben. Denn man minimiert sie nicht durch Askese oder hartes Training. „Das Leben ist das, was dir passiert, wenn du eifrig dabei bist, andere Pläne zu machen", soll der Musiker John Lennon einmal gesagt haben. Nehmen Sie es mit Gelassenheit! Die Praxis von Achtsamkeit und Gelassenheit kann uns die Tür zu unserem inneren Herzensraum öffnen, wie ich es in einem Kapitel dieses Buchs schon beschrieben habe. So gelangen wir zu unseren inneren Ressourcen, die uns helfen, die Stürme des Lebens zu bestehen und das Wesentliche von dem Unwichtigen zu unterscheiden. Dazu habe ich eine schöne Geschichte gefunden:

Ein Philosophieprofessor stand vor seinen Studenten und hatte ein paar Dinge vor sich liegen. Als der Unterricht begann, nahm er ein leeres Mayonnaiseglas und füllte es bis zum Rand mit großen Steinen. Anschließend fragte er seine Studenten, ob das Glas voll sei. Sie stimmten ihm zu.

Daraufhin nahm der Professor eine Schachtel mit kleinen Kieselsteinen, schüttete sie ebenfalls ins Mayonnaiseglas und schüttelte dieses leicht. Die Kieselsteine rollten in die Zwischenräume zwischen den großen Steinen. Nun fragte der Professor seine Studenten erneut, ob das Glas jetzt voll sei. Sie stimmten wiederum zu und lachten. Nun nahm der Professor eine Schachtel mit Sand und goss sie ebenfalls ins Glas. Der Sand füllte die letzten Zwischenräume im Glas aus. „Nun", sagte der Philosophieprofessor zu seinen Studenten, „ich möchte, dass Sie erkennen, dass dieses Glas wie Ihr Leben ist. Die großen Steine sind die wichtigsten Dinge in Ihrem Leben – Ihre Partner, Ihre Familie, Ihre Kinder, Ihre Gesundheit. Dinge, die – wenn alles andere wegfiele und nur sie übrig blieben – Ihr Leben immer noch erfüllen würden. Die Kieselsteine sind andere, weniger wichtige Dinge, beispielsweise Ihre Arbeit, Ihre Wohnung, Ihr Haus oder Ihr Auto. Der Sand symbolisiert die ganz kleinen Dinge im Leben.

Wenn Sie den Sand zuerst in das Glas füllen, bleibt kein Raum für die Kieselsteine oder die großen Steine. So ist es auch in Ihrem Leben: Wenn Sie all Ihre Energie für die kleinen Dinge in Ihrem Leben aufwenden, haben Sie für die großen keine Zeit mehr. Achten Sie daher auf die wichtigen Dinge. Nehmen Sie sich Zeit für Ihren Partner, Ihre Kinder und achten Sie auf Ihre Gesundheit. Es wird noch genug Zeit geben für Arbeit, Haushalt und Vergnügungen. Achten Sie zuerst auf die großen Steine – sie sind es, die wirklich zählen. Der Rest ist nur Sand."

Ein schönes Beispiel für das, was ich Ihnen an vielen Stellen dieses Buchs vermitteln möchte: Das Wichtigste im Leben sind die Menschen, und damit auch Sie selbst. Und wenn etwas nicht so läuft, wie Sie es sich vorgestellt haben, hadern Sie nicht. Man kann immer wieder neu anfangen. Denken Sie jeden Morgen – egal, wie alt Sie sind: „Heute ist der erste Tag vom Rest meines Lebens. Der erste Tag! Wo ich doch schon beinahe zwanzigtausend Tage hinter mir habe... Und trotzdem: Der erste Tag. Heute. Aber auch morgen. Und übermorgen. Jeder Tag ist der erste Tag. Mit jedem Tag bricht etwas Neues an. Jeden Morgen kann ich einen neuen Anfang machen. Mein Leben lang."[34]

Das Leben ist ein Unterwegssein. Wer achtsam, ruhig und gelassen bleibt, ist für diesen Weg gut gerüstet.

„*Als ich mich selbst zu lieben begann, habe ich
verstanden, wie sehr es jemanden beschämt, ihm
meine Wünsche aufzuzwingen, obwohl ich wusste,
dass weder die Zeit reif noch der Mensch dazu bereit
war, auch wenn ich selbst dieser Mensch war. Heute
weiß ich: Das nennt man SELBSTACHTUNG.
Als ich mich wirklich selbst zu lieben begann, habe
ich aufgehört, mich nach einem anderen Leben
zu sehnen und konnte sehen, dass alles um
mich herum eine Aufforderung zum Wachsen
war. Heute weiß ich: Das nennt man REIFE.
Als ich mich wirklich selbst zu lieben begann, da erkannte
ich, dass mich mein Denken armselig und krank machen
kann. Als ich jedoch meine Herzenskräfte anforderte,
bekam der Verstand einen wichtigen Partner. Diese
Verbindung nenne ich heute HERZENSWEISHEIT.*"*

Charlie Chaplin (1889–1977)

## Quellenhinweise

1 Christopher Jamison, *Durchatmen – Finde den Mönch in dir*, Münsterschwarzach 2011, S. 116

2 Thomas Dienberg in: *kontinente*, Heft 3/2012, S. 25

3 Henri Nouwen, *Du schenkst mir Flügel – Gedanken der Hoffnung*, © 2011 adeo Verlag, Asslar, S.44 f.

4 aus: Anselm Grün, *Der Weg durch die Wüste*, Münsterschwarzach 2001, S. 68

5 Phil Bosmans, „Hab die Menschen gern"
aus: Phil Bosmans, *Vergiss die Freude nicht*, aus dem Niederländischen übertragen und bearbeitet von Ulrich Schütz © Verlag Herder GmbH, Freiburg i. Br., 52. Auflage 1999, S. 75

6 Aus: *Die Mitarbeiterin*, Werkheft der Katholischen Frauengemeinschaft Deutschlands, Heft 3/2012, S.37

7 *Die Regel des heiligen Benedikt*, Beuron 1990, Kap. 27,1 f.

8 ebenda, Kap. 27,5 f.

[9] Phil Bosmans, „Wie sehe ich die Fehler bei meinem Mann …" aus: Phil Bosmans, *Vergiss die Freude nicht*, a.a.O., S. 64

[10] Anselm Grün, *Der Weg durch die Wüste*, a.a.O., S. 32

[11] Buch Kohelet 4,9 f.

[12] nach Matthias Utters, *An Ufern* …, Quierschied-Fischbach 1984

[13] Johannes Pausch, *Himmlisch leben. 100 Klosterweisheiten für den Alltag*, © 2005 Kösel-Verlag in der Verlagsguppe Random House GmbH, München, S. 62

[14] Wunibald Müller: *Lausche dem vollen Klang der Welt* © Vier-Türme GmbH, Verlag, Münsterschwarzach, S. 50

[15] Susanne Breit-Kessler, *Im Vertrauen*, Kolumne in der Zeitschrift chrismon, Heft 4/2012, S. 50

[16] Johannes Pausch, *Himmlisch leben*, a.a.O., S. 50

[17] Paulo Coelho: *Handbuch des Kriegers des Lichts* aus dem Portugiesischen von Maralde Meyer-Minnemann Copyright der deutschsprachigen Ausgabe © 2006 Diogenes Verlag AG Zürich, S. 22

[18] Johannes Pausch, *Himmlisch leben*, a.a.O., S. 96

[19] Apophthegma 878. Als Apophthegmata bezeichnet man die Sammlung von Sprüchen der christl. Altväter.

[20] Anselm Grün, *Der Himmel beginnt in dir*, Freiburg i. Brsg. 1994/1999, S. 8

[21] Hubert Klingenberger in: DON BOSCO magazin 3/2012, S. 17

[22] Wunibald Müller, *Lausche dem vollen Klang der Welt*, a.a.O., S. 50

[23] Buch Genesis 33,13

[24] Petra Altmann / Odilo Lechner, *Leben nach Maß*, Freiburg im Breisgau 2009, S. 63

[25] siehe hierzu auch: Petra Altmann, *Die 101 wichtigsten Fragen – Orden und Klosterleben*, München 2011

[26] *Die Regel des heiligen Benedikt*, a.a.O., Kapitel 48,1; 24 f.

[27] aus: Petra Altmann, *Wie Mönche und Nonnen leben*, Münsterschwarzach 2009, S. 35

[28] *Die Regel des heiligen Benedikt*, a.a.O., Kapitel 63,5 f.

[29] ebenda, Kapitel 72,4 f.

30 Johannes Pausch, *Himmlisch leben*, a.a.O., S. 133

31 Anselm Grün, „Manchmal haben wir das Gefühl …"
aus: Anselm Grün, *Das Buch der Lebenskunst*,
© Verlag Herder GmbH, Freiburg i. Br. 2012, S. 47

32 Hildegard von Bingen, *Wisse die Wege. Ratschläge
fürs Leben*, Ausgewählt und aus dem Lateinischen von
Johannes Bühler. © Insel Verlag Frankfurt am Main
und Leipzig 1997, S. 71

33 Anselm Grün, *Buch der Lebenskunst*, a.a.O., S. 29

34 Lorenz Marti, „Heute ist der erste Tag vom Rest …"
aus: Lorenz Marti, *Wie schnürt ein Mystiker seine
Schuhe. Die großen Fragen und der tägliche Kleinkram*
© Verlag Herder GmbH, Freiburg i. Br. 2012, S. 32

## Ergänzende Sekundärliteratur

Anton Lichtenauer, *Happy days for you*,
Freiburg i. Brsg. 2008

William T. Hoye, *Tugenden – Was sie wert sind,
warum wir sie brauchen*, Ostfildern 2010

Anselm Grün, *Der Himmel beginnt in dir – Das Wissen
der Wüstenväter für heute*, Freiburg i. Brsg. 2008

# Register

## Zur Autorin

Dr. Petra Altmann studierte Kommunikationswissenschaften, Kunstgeschichte und Soziologie. Sie war viele Jahre in Führungspositionen in Buchverlagen tätig und arbeitet heute als Buchautorin und freie Journalistin.

Schwerpunktmäßig beschäftigt sie sich seit Langem mit gesellschaftlichen Werten und klösterlichen Traditionen. Das Thema der Achtsamkeit ist für sie ein wesentliches Merkmal des menschlichen Umgangs miteinander. Nur wer achtsam, ruhig und gelassen ist, so die Autorin, kann ein ausgeglichenes Leben führen.

Dr. Petra Altmann wurde 2010 als erste Ausländerin mit dem italienischen Frauen-Award „Premio Donne Eccellenti " ausgezeichnet, der an Frauen vergeben wird, die sich durch besonderes berufliches Engagement und außergewöhnliche berufliche Erfolge hervorgetan haben.

Weitere Informationen unter *www.dr-petra-altmann.de*

## Publikationen

# Dr. Petra Altmann – eine Auswahl

*Abstand vom Alltag,*
St. Ulrich, Augsburg 2011

*Weisheit aus der Stille,*
Herder, Freiburg 2011

*Starke Frauen aus dem Kloster,*
Präsenz, Hünfelden 2011

*Atem holen im Kloster,*
St. Ulrich, Augsburg, 2. Auflage 2011

*101 Fragen – Orden und Klosterleben,*
C.H.Beck, München 2011

*Das ABC der Dankbarkeit,*
Herder, Freiburg 2011

*Die Kraft der Klosterkräuter –*
*mit Schwester Fidelis Happach,*
Don Bosco, München, 2. Auflage 2010

*Lebe wertvoll & gut – Ein Wertekompass für alle Tage,*
Don Bosco, München 2010

*Vom Wert der Werte –*
*Was im Leben wirklich zählt*
Präsenz, Hünfelden 2010

*Aufbruch in die Stille,*
Herder, Freiburg 2010

*Oasen für jeden Tag,*
Don Bosco, München 2008

*Wohlfühltipps aus dem Kloster,*
Don Bosco, München, 2. Auflage 2009

*Wie Mönche und Nonnen leben,*
Vier-Türme-Verlag, Münsterschwarzach 2009

*Leben nach Maß – mit Abt Odilo Lechner,*
Herder, Freiburg 2009

*Heilfasten nach der Klostermethode,*
Mosaik bei Goldmann, München 2008

*klarheit, ordnung, stille –*
*Was wir vom Leben im Kloster lernen können –*
*mit Pater Anselm Grün,*
Gräfe und Unzer, München 2007

Verlagsgruppe Random House FSC-DEU-0-100
Das für dieses Buch verwendete FSC®-zertifizierte Papier *EOS*
liefert Salzer, St. Pölten

© 2012 by adeo Verlag
in der Gerth Medien GmbH, Asslar,
Verlagsgruppe Random House, München

1. Auflage 2012
Bestell-Nr. 814270
ISBN 978-3-942208-70-3

Umschlaggestaltung: Gute Botschafter GmbH, Haltern am See
Satz: Daniel Eschner

Druck: GGP Media GmbH, Pößneck

Printed in Germany